INGELESEKO
HIZTEGIA
HASBERRIENTZAT

Helen Davies eta Françoise Holmes
Marrazkiak: John Shackell
Ideia: Brian Robertson
Gainbegiralea: Nicole Irving

Liburu honetako beste partaide batzuk:
Kim Blundell eta Anita Ganeri

Aurkibidea

3 Nola erabili liburu hau
4 Jendearekin topo egin
6 Familia
8 Gorputz-itxura eta nortasuna
10 Gorputza
12 Etxea
14 Egongela eta jangela
15 Sukaldea
16 Lorategia
18 Etxe-abereak
20 Ea, jaiki!
22 Arropa
24 Ohera!
26 Janariak eta edariak
28 Erosketak
32 Denbora-pasak
36 Irten
38 Zooan
40 Hirian
42 Erosketak egiten
46 Postetxean eta banketxean
48 Telefono-deiak eta gutunak
50 Garraiabideak
52 Bolantean

54 Trena hartu
56 Hegazkina eta itsasontzia hartu
58 Oporretan
62 Landazabalean
64 Baserrian
66 Lanean
68 Osasun-arazoak
70 Ikastetxea eta hezkuntza
74 Formak eta tamainak
75 Zenbakiak
76 Kirolak
78 Jaiak
80 Egunak eta datak
82 Ordua
84 Eguraldia eta urtaroak
86 Lurra eta unibertsoa
88 Politika
90 Gauzak deskribatzen
92 Koloreak
93 Barruan, gainean, azpian…
94 Aditz batzuk
96 Gramatika
107 Esaldien azalpena
110 Hiztegia

Nola erabili liburu hau

Ingeles arrunteko 2.000 hitz baino gehiago daude liburu honetan, eta marrazkiak dituzte hobeto gogoratu ahal izateko.

Izenak

Pertsonak, animaliak edo gauzak adierazi eta izendatzeko erabiltzen diren hitz edo berbak dira izenak. Ingelesez, euskaraz bezalaxe, normalean ez dira bereizten izen maskulinoak eta femeninoak; beraz, alde honetatik arazorik ez. Plurala bukaeran **-s** erantsiz egiten da normalean; baina izen batzuek plural desberdina dute; gramatika-sailean aurkituko duzue hauen berri, eta badira izen batzuk beti pluralean edo beti singularrean erabiltzen direnak ere.

Adjektiboak

Adjektiboak izenak deskribatzeko erabiltzen dira. Ingelesez ez dira aldatzen eta izenaren aurrean jartzen dira beti. Adib.: **a little girl** neska txiki bat, **the red dress** soineko gorria, **little girls** neska txiki batzuk.

Aditzak

Aditzek pertsona, animalia edo gauza bat zer den edo zer egiten duen adierazten dute. Infinitiboa **to** + aditza erabiliz egiten da. Adib.: **to see** ikusi. Liburuaren bukaeran ikusiko duzue nola jokatzen diren, baita aditz-denborak eta aditz irregularren zerrenda ere, hau da, infinitiboa, iragana eta partizipioa desberdinak dituzten aditzen zerrenda (104. orrialdean).

Azkenik, 96. orrialdean gramatika ingelesaren oinarrizko arau batzuk azaltzen dira, eta 107. orrialdean liburuan agertzen diren esaldi batzuen esanahia azaltzen da hitzez hitz.

Jendearekin topo egin

Hello	Kaixo	**man (pl.: men)**	gizon(ak)
Goodbye	Agur	**woman (pl.: women)**	emakume(ak)
See you later*.	Gero arte.	**baby**	jaioberri
to shake hands with	eskua eman	**boy**	mutiko
to kiss	musu eman	**girl**	neskatila

to introduce	aurkeztu	**How are you?**	Zer moduz?
friend	adiskide	**Very well, thank**	Oso ondo, eskerrik
to meet	topo egin	**you**	asko.

4   *107-109. orrialdeetan aurkituko duzue honelako esamoldeetako hitz bakoitzaren esanahia.

to chat	berriketan ari
Yes.	Bai.
No.	Ez.
I agree.	Konforme.
to say	esan
to burst out laughing	barrez lehertu

to chat

Yes

No

I agree.

to say

to burst out laughing

name

name	izen-deiturak
first name	izen
surname	deitura
What's your name?	Nola duzu izena?
My name is...	Nire izena ... da.
His name is...	Horren izena ... da.

first name

Gill Brown

surname

My name is…

His name is…

What's your name?

age

How old are you?

young

older than

younger than

old

I'm nineteen.

the same age as

age	adin	old	zahar
How old are you?	Zenbat urte dituzu?	older than	... baino zaharrago
I'm nineteen.	Hemeretzi urte ditut.	younger than	... baino gazteago
young	gazte	the same age as	adin bereko

5

Familia

family
father
mother
grandfather
grandmother
aunt
uncle
brother
sister
cousin
cousin

family	familia	**grandmother**	amona
father	aita	**aunt**	izeba
mother	ama	**uncle**	osaba
brother	anaia, neba	**cousin**	lehengusu,
sister	arreba, ahizpa		lehengusina
grandfather	aitona		

to be related to
son
grandson
daughter
granddaughter
nephew
to bring up
to be fond of
niece

to be related to	-ren ahaide izan	**granddaughter**	biloba (emak.)
son	seme	**to be fond of**	maite izan
daughter	alaba	**nephew**	iloba (gizon)
to bring up	hazi	**niece**	iloba (emak.)
grandson	biloba (gizon)		

wife

husband

parents

to love

children

twin brothers

only son

wife	emazte
husband	senar
parents	gurasoak
to love	maitatu
children*	haurrak
twin brothers	bikiak
only son	seme bakar

life

childhood

marriage

birth

to be born

to get married

wedding

death

to work

old age

to die

funeral

life	bizitza, bizi	wedding	eztei(ak)
birth	jaiotza	to work	lan egin
to be born	jaio	old age	zahartzaro
childhood	haurtzaro	death	heriotza
marriage	ezkontza	to die	hil
to get married	ezkondu	funeral	hileta

*Children-en singularra child da.

7

Gorputz-itxura eta nortasuna

pretty	polit (emakum.)
handsome	dotore (gizon.)
strong	indartsu
weak	ahul
thin	argal
slim	lirain
fat	lodi

pretty

handsome

strong

weak

thin

slim

fat

to have blonde hair

to be bald

…brown hair

…red hair

…straight hair

…curly hair

…a fringe

…plaits

to have blonde hair	ile horia izan	**curly hair**	ile kizkur
brown hair	gaztaina-ile	**a fringe**	kopeta-ile
red hair	ile gorri	**plaits**	mototsak
straight hair	ile liso	**to be bald**	burusoil izan

8

polite

rude

nice

happy

unhappy

silly

shy

friendly

funny

polite	erabidetsu
rude	gozagaitz, zakar
nice	atsegin
silly	zentzugabe
shy	lotsati
friendly	lagunkoi, adiskidetsu
funny	barregarri
happy	zoriontsu, pozik
unhappy	atsekabetuta

complexion

to wear glasses

dark

fair

to frown

freckles

to smile

to have a moustache

to laugh

to have a beard

to cry

complexion	larruaren kolore	**to have a beard**	bizarra izan
dark	beltzaran	**to wear glasses**	betaurrekoak erabili
fair, blonde	ilehori	**to frown**	bekozkoa ipini
freckles	oreztak	**to smile**	irribarre egin
to have a		**to laugh**	barre egin
moustache	bibotea izan	**to cry**	negar egin

9

Gorputza

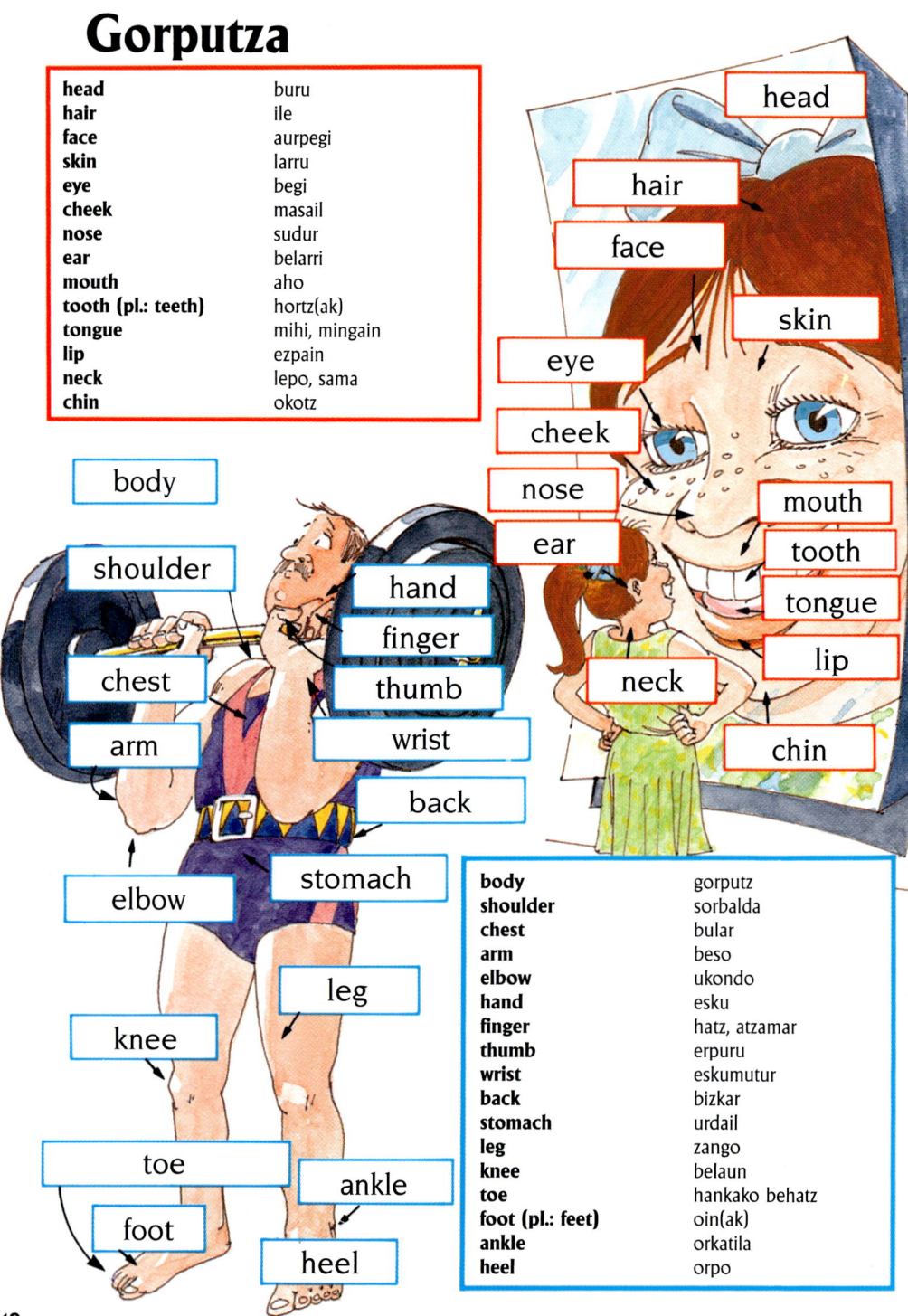

head	buru
hair	ile
face	aurpegi
skin	larru
eye	begi
cheek	masail
nose	sudur
ear	belarri
mouth	aho
tooth (pl.: teeth)	hortz(ak)
tongue	mihi, mingain
lip	ezpain
neck	lepo, sama
chin	okotz

head

hair

face

skin

eye

cheek

nose

ear

mouth

tooth

tongue

lip

neck

chin

body

shoulder

hand

finger

thumb

chest

arm

wrist

back

elbow

stomach

leg

knee

toe

ankle

foot

heel

body	gorputz
shoulder	sorbalda
chest	bular
arm	beso
elbow	ukondo
hand	esku
finger	hatz, atzamar
thumb	erpuru
wrist	eskumutur
back	bizkar
stomach	urdail
leg	zango
knee	belaun
toe	hankako behatz
foot (pl.: feet)	oin(ak)
ankle	orkatila
heel	orpo

to be tall	altua izan
to be short	txikia izan
to weigh yourself	(zeure burua) pisatu
to be light	gutxi pisatu
to be heavy	asko pisatu

left side

right side

to be tall

to be short

to weigh yourself

to be light

to be heavy

| left side | ezkerralde |
| right side | eskuinalde |

to kneel down

to lie down

to be lying down

to walk barefoot

to be kneeling

to sit down

to stand up

to be standing

to walk barefoot	oinutsik ibili
to stand up	zutitu
to be standing	zutik egon
to kneel down	belaunikatu
to be kneeling	belauniko egon
to lie down	etzan
to be lying down	etzanda egon
to sit down	eseri
to be sitting down	eserita egon

to be sitting down

Etxea

block of flats

flat

I'm at home.

second floor

front door

doorbell

to ring the bell

letter box

doormat

balcony

caretaker

to move in

ground floor

house

to live in a house

neighbour

landlady

to move out

tenant

basement

first floor

block of flats	pisu-sail
flat	pisu
I'm at home.	Etxean nago.
second floor	bigarren oin
front door	ate nagusi
doorbell	txirrin
to ring the bell	txirrina jo
letter box	gutunontzi, postontzi
doormat	zerria
balcony	balkoi
first floor	lehen oin
caretaker	atezain
to move in	etxez aldatu (sartu)

ground floor	behe-oin
house	etxe
to live in a house	etxe batean bizi
neighbour	auzoko
landlady	etxe-jabe (emak.)
to move out	etxez aldatu (irten)
tenant	maizter
basement	soto

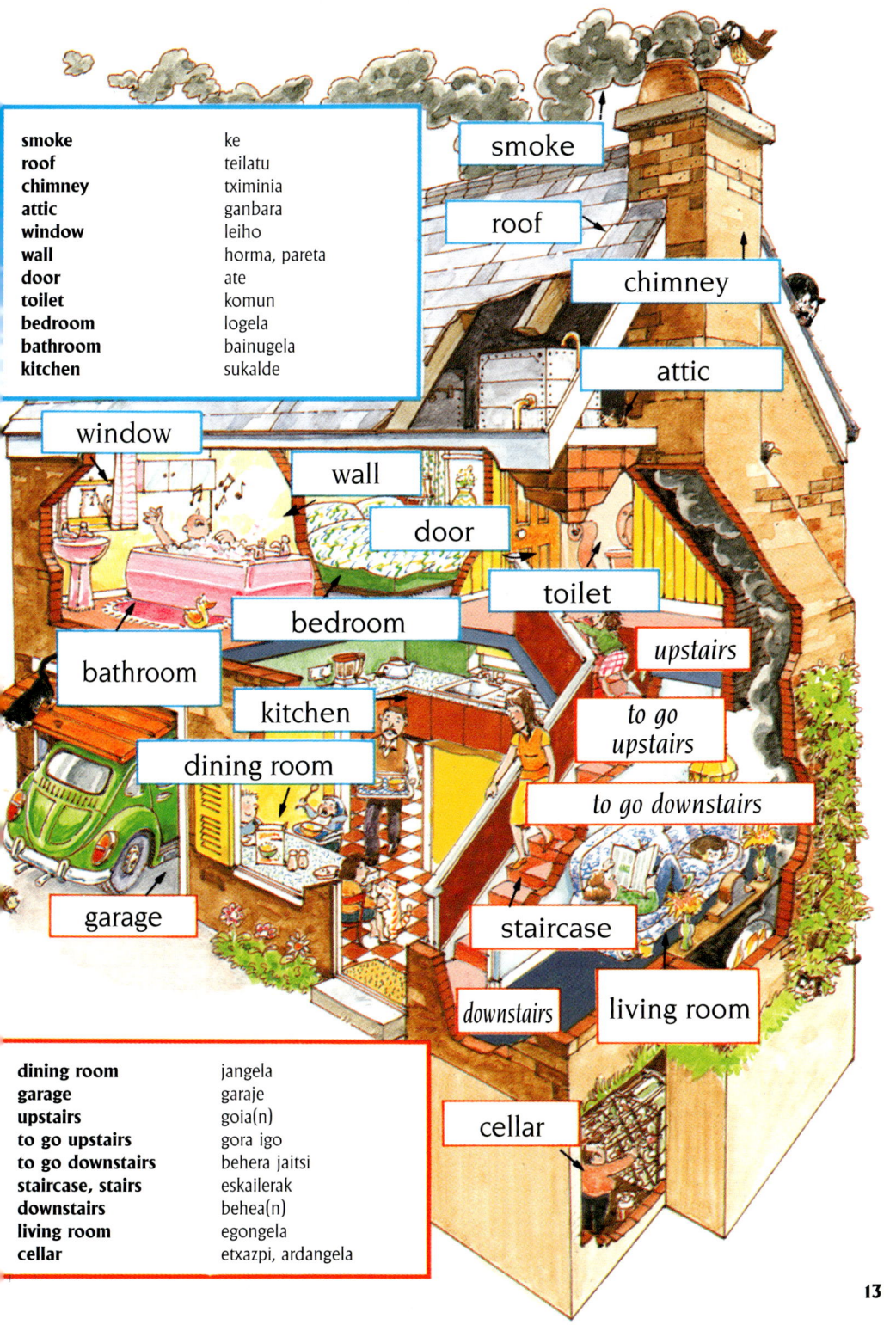

smoke	ke
roof	teilatu
chimney	tximinia
attic	ganbara
window	leiho
wall	horma, pareta
door	ate
toilet	komun
bedroom	logela
bathroom	bainugela
kitchen	sukalde

smoke

roof

chimney

attic

window

wall

door

toilet

upstairs

bedroom

to go upstairs

bathroom

to go downstairs

kitchen

dining room

garage

staircase

downstairs

living room

cellar

dining room	jangela
garage	garaje
upstairs	goia(n)
to go upstairs	gora igo
to go downstairs	behera jaitsi
staircase, stairs	eskailerak
downstairs	behea(n)
living room	egongela
cellar	etxazpi, ardangela

Egongela eta jangela

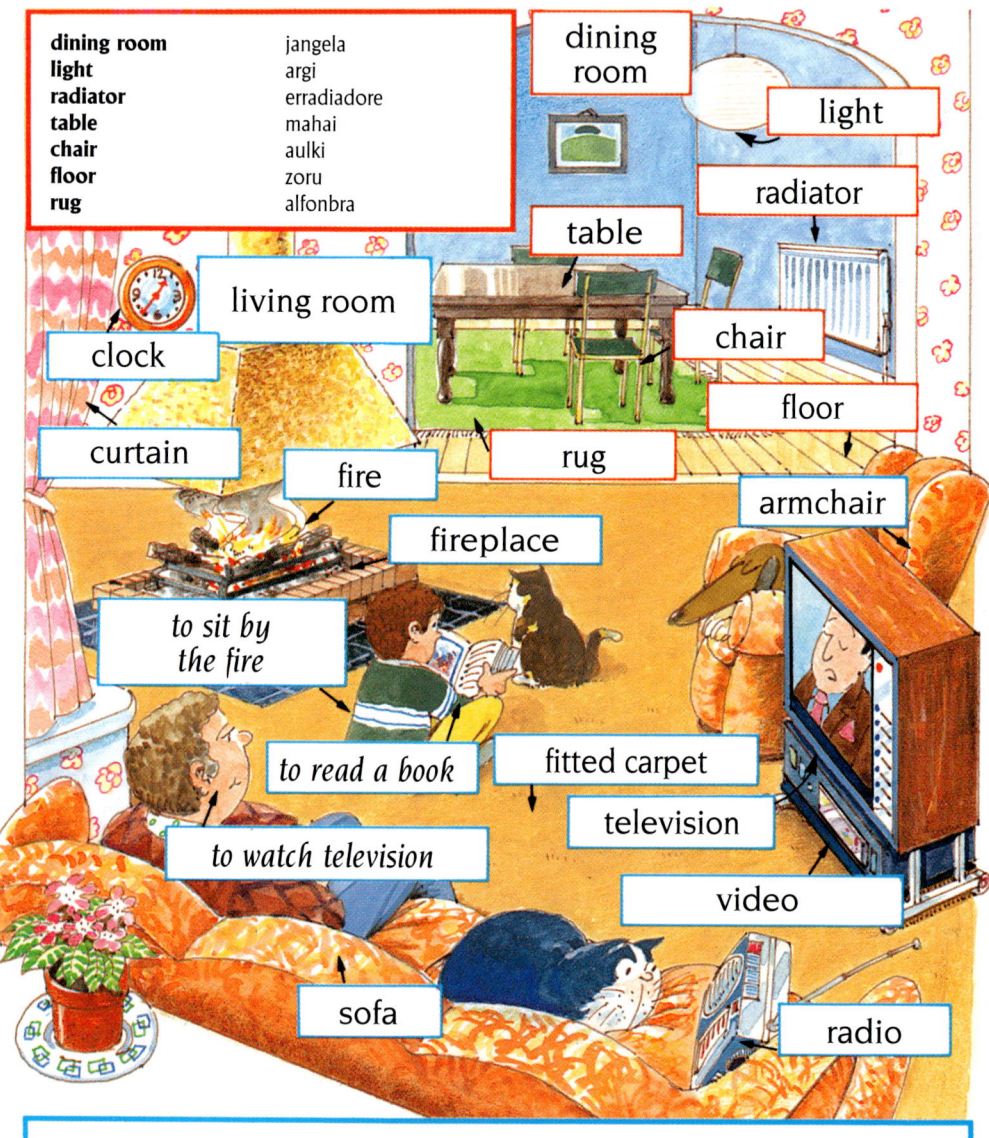

dining room	jangela
light	argi
radiator	erradiadore
table	mahai
chair	aulki
floor	zoru
rug	alfonbra

dining room

light

radiator

table

chair

floor

living room

clock

curtain

fire

rug

armchair

fireplace

to sit by the fire

to read a book

fitted carpet

to watch television

television

video

sofa

radio

living room	egongela	to read a book	liburua irakurri
clock	paretako erloju	to watch television	telebista ikusi
curtain	errezel	sofa	sofa
fire	su	fitted carpet	moketa
fireplace	beheko su, sutegi	television	telebista
armchair	besaulki	video	bideo
to sit by the fire	sutondoan eseri	radio	irrati

Sukaldea

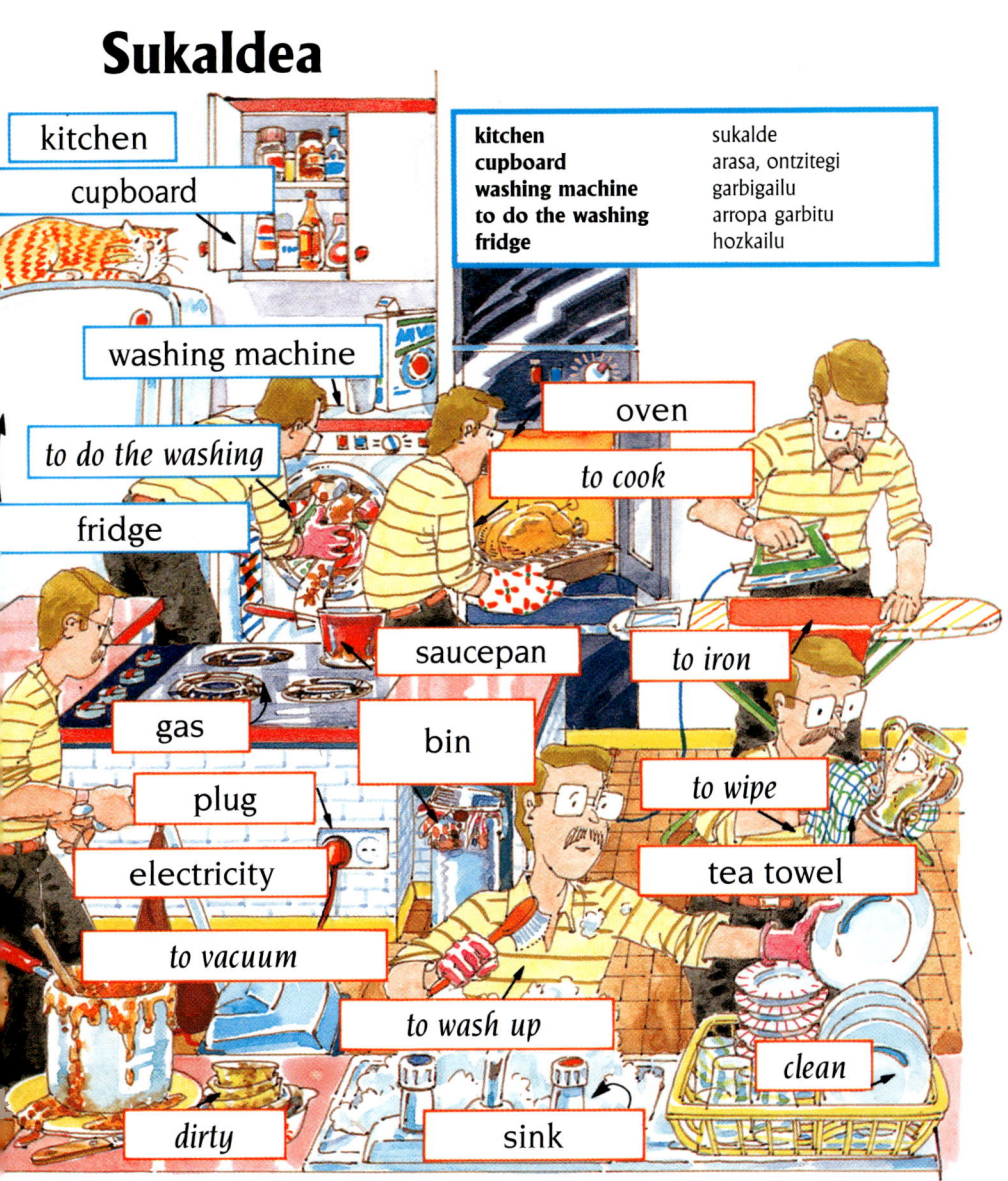

kitchen

cupboard

kitchen	sukalde
cupboard	arasa, ontzitegi
washing machine	garbigailu
to do the washing	arropa garbitu
fridge	hozkailu

washing machine

to do the washing

fridge

oven

to cook

saucepan

to iron

gas

bin

plug

to wipe

electricity

tea towel

to vacuum

to wash up

clean

dirty

sink

oven	labe	**to vacuum**	xurgagailuaz garbitu
to cook	janaria kuzinatu	**to wash up**	harrikoa egin
saucepan	eltze, lapiko	**dirty**	zikin
gas	gas	**sink**	harraska
bin	zaborrontzi	**to dry, to wipe**	lehortu
to iron	lisatu	**tea towel**	zapi
plug	entxufe	**clean**	garbi
electricity	elektrizitate		

Lorategia

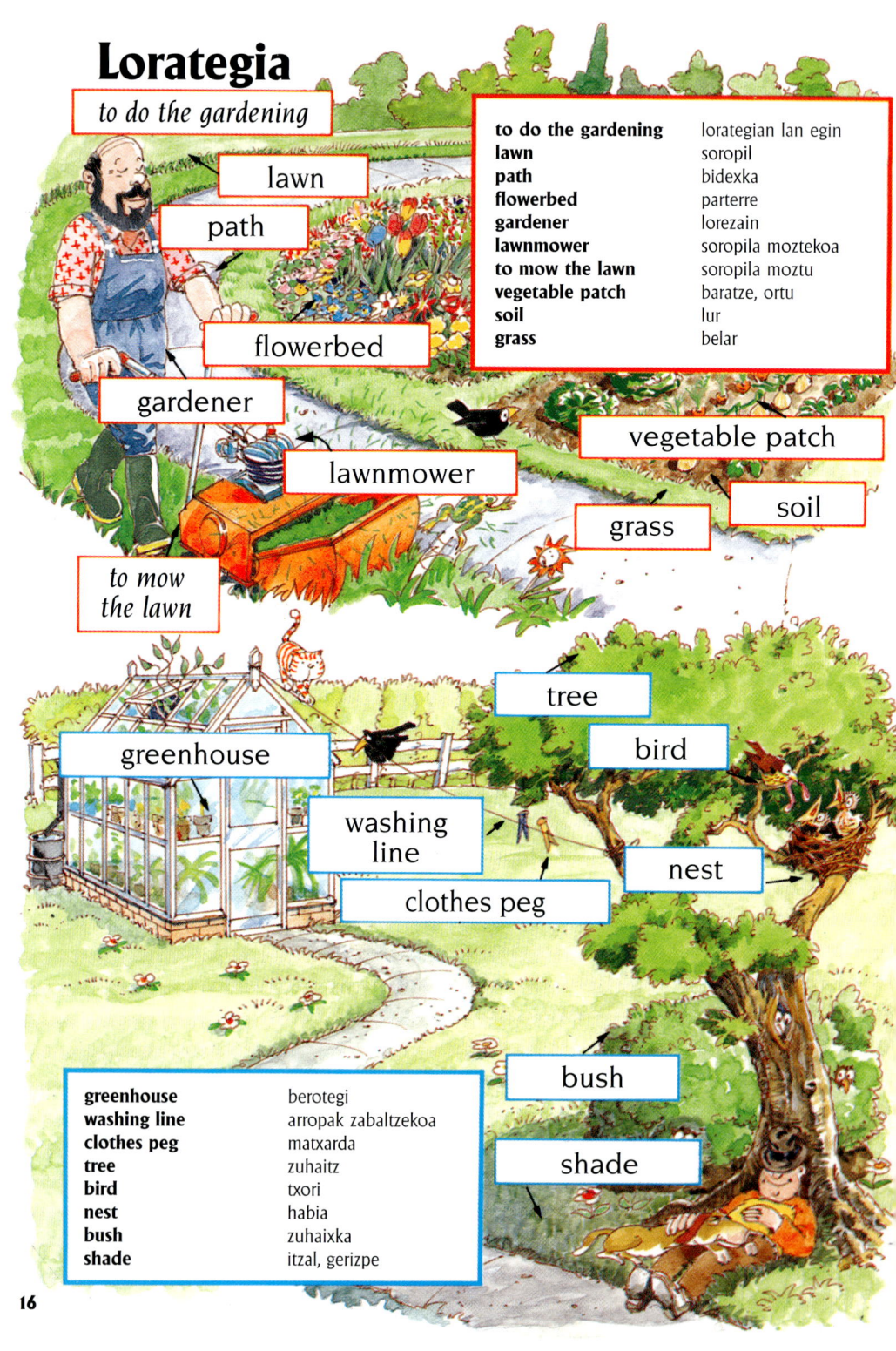

to do the gardening

lawn

path

flowerbed

gardener

lawnmower

to mow
the lawn

to do the gardening	lorategian lan egin
lawn	soropil
path	bidexka
flowerbed	parterre
gardener	lorezain
lawnmower	soropila moztekoa
to mow the lawn	soropila moztu
vegetable patch	baratze, ortu
soil	lur
grass	belar

vegetable patch

soil

grass

tree

bird

greenhouse

washing
line

nest

clothes peg

bush

shade

greenhouse	berotegi
washing line	arropak zabaltzekoa
clothes peg	matxarda
tree	zuhaitz
bird	txori
nest	habia
bush	zuhaixka
shade	itzal, gerizpe

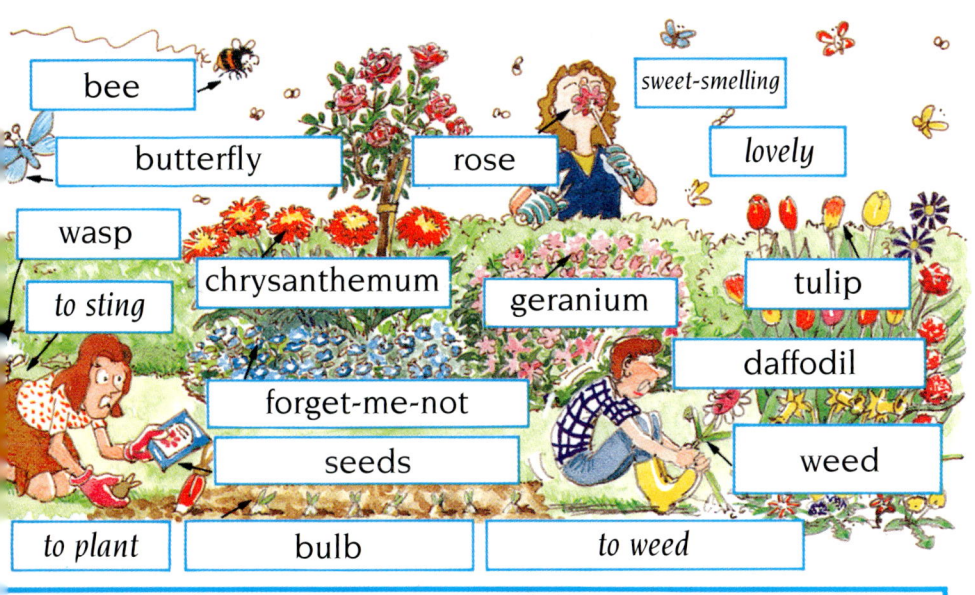

bee

butterfly

rose

sweet-smelling

lovely

wasp

to sting

chrysanthemum

geranium

tulip

daffodil

forget-me-not

seeds

weed

to plant

bulb

to weed

bee	erle	**tulip**	tulipa
butterfly	txlmeleta	**forget-me-not**	oroilore
wasp	liztor	**daffodil**	nartziso
to sting	ziztatu	**seeds**	haziak
rose	arrosa	**to plant**	landatu
sweet-smelling	usain eztiko	**bulb**	erraboila
lovely, beautiful	eder	**to weed**	jorratu
chrysanthemum	krisantemo	**weed**	belar txar
geranium	geranio		

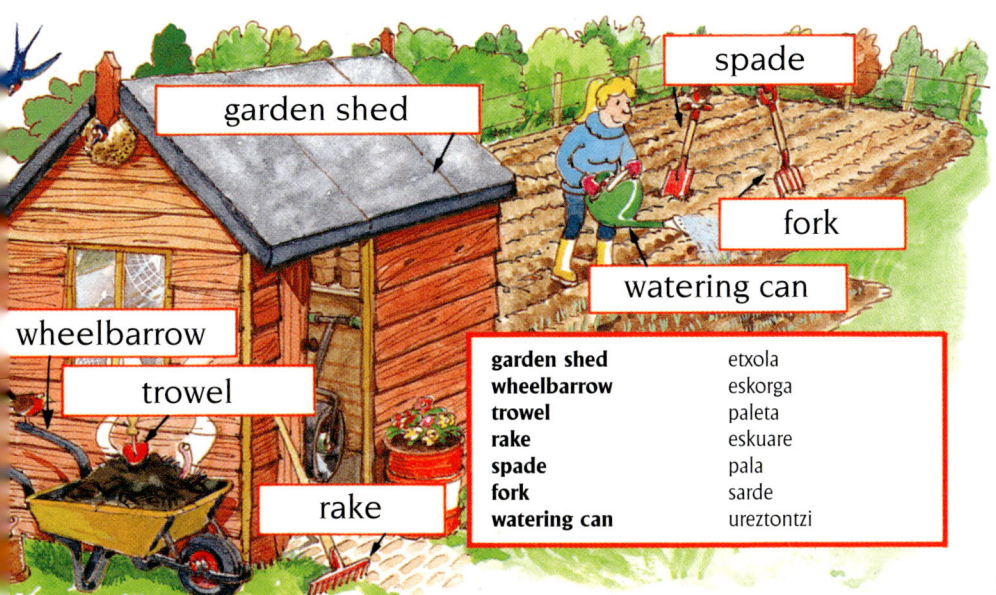

spade

garden shed

fork

watering can

wheelbarrow

trowel

rake

garden shed	etxola
wheelbarrow	eskorga
trowel	paleta
rake	eskuare
spade	pala
fork	sarde
watering can	ureztontzi

17

Etxe-abereak

dog	txakur
kennel	txakurtegi
puppy	txakurkume
fur	ilaje
paw	hanka
playful	jostari
to bark	zaunka egin
BEWARE OF THE DOG	KONTUZ TXAKURRAREKIN
to chase	segika ibili
to fetch	bila joan
tail	buztan, isats
to wag its tail	isatsari eragin
to growl	marmar egin
to walk the dog	txakurra paseatu

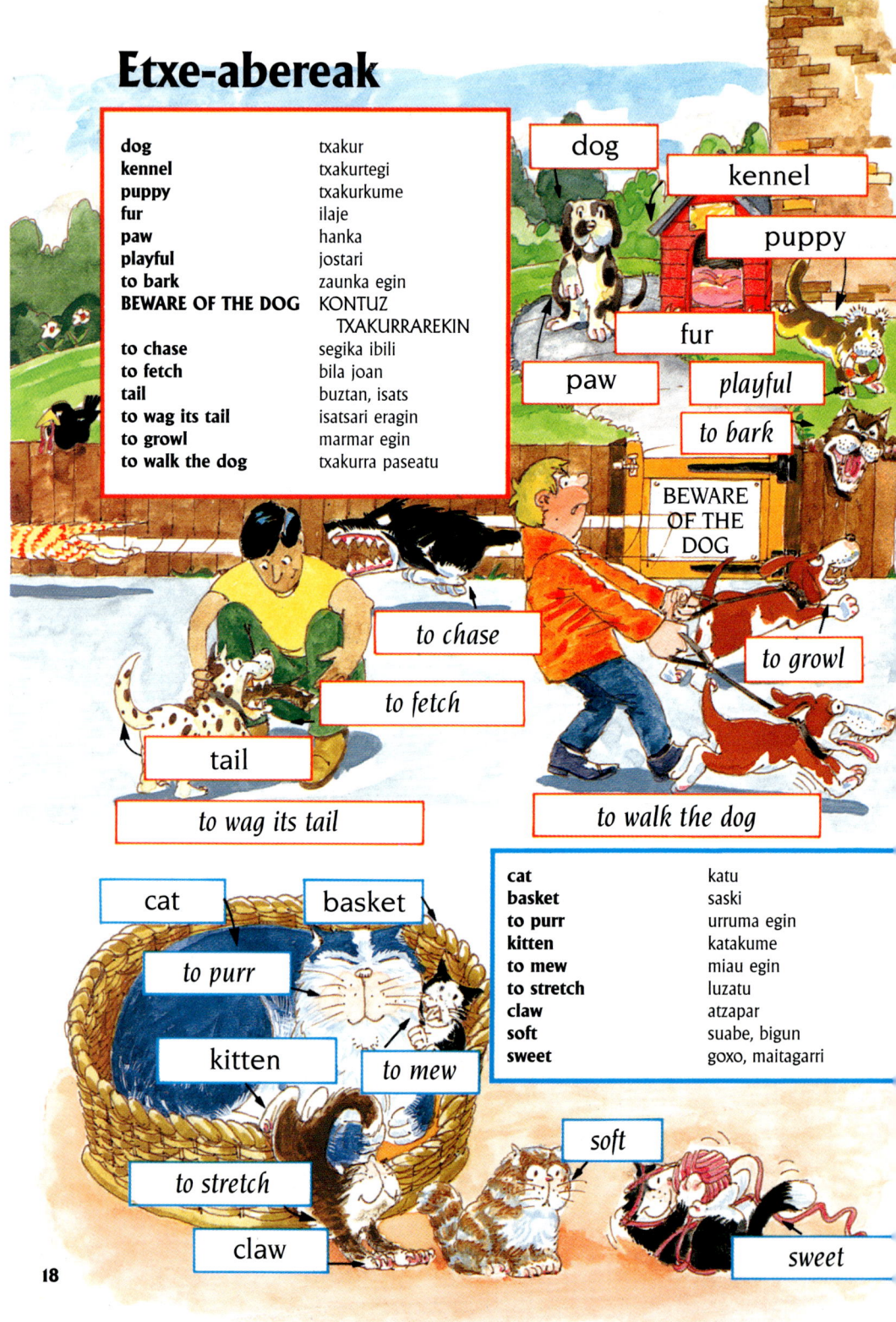

dog

kennel

puppy

fur

paw

playful

to bark

BEWARE OF THE DOG

to chase

to growl

to fetch

tail

to wag its tail

to walk the dog

cat	katu
basket	saski
to purr	urruma egin
kitten	katakume
to mew	miau egin
to stretch	luzatu
claw	atzapar
soft	suabe, bigun
sweet	goxo, maitagarri

cat

basket

to purr

kitten

to mew

to stretch

soft

claw

sweet

budgie	perikito, papagaitxo	**rabbit**	untxi
to perch	pausatu	**tortoise**	dortoka
wing	hego	**cage**	kaiola
beak	moko	**to feed**	jaten eman
feather	luma	**goldfish**	urre-arrain
hamster	hamster	**mouse (pl.: mice)**	sagu(ak)
hedgehog	triku	**bowl**	arrain-ontzi
Guinea pig	akuri		

budgie · wing · to perch · beak · hamster · feather · hedgehog · Guinea pig · rabbit · tortoise · cage · to feed · goldfish · mouse · bowl

Ea, jaiki!

to wake up

Good morning.

to rub your eyes

to yawn

alarm clock

to wake up	esnatu
Good morning.	Egun on.
to rub your eyes	begiak igurtzi
to yawn	aharrausi egin
alarm clock	iratzargailu

to get up

to open the curtains

to get up	jaiki
to open the curtains	errezelak zabaldu
dressing gown	txabusina

dressing gown

shower

to have a shower

to wash your hair

shampoo

shower	dutxa
to have a shower	dutxatu
to wash your hair	ilea garbitu
shampoo	xanpu
to wash, to have a wash	garbitu
soap	xaboi
flannel	toailatxo
to dry yourself	lehortu (zeure burua)
towel	toaila, xukadera
naked	biluzik

to dry yourself

towel

to have a wash

soap

naked

flannel

20

to shave	bizarra kendu
mirror	ispilu
electric shaver	bizar-makina
razor	bizar-aitzur
shaving foam	bizar-xaboi

to shave

mirror

electric shaver

razor

shaving foam

hot water

cold water

tap

toothpaste

toothbrush

to clean your teeth

tap	kanila
hot water	ur bero
cold water	ur hotz
toothpaste	hortzetako pasta
toothbrush	hortz-eskuila
to clean your teeth	hortzak garbitu

to dry your hair	ilea lehortu
hairdrier	ile-lehorgailu
brush	eskuila
comb	orrazi
to comb your hair	ilea orraztu
to brush your hair	ilea eskuilatu

to dry your hair

hairdrier

brush

comb

to comb your hair

to brush your hair

to put on make-up

mascara

foundation cream

lipstick

perfume

to put on make-up	makilatu
mascara	maskara
foundation cream	krema
lipstick	ezpain-barra
perfume	lurrin, perfume

21

Arropa

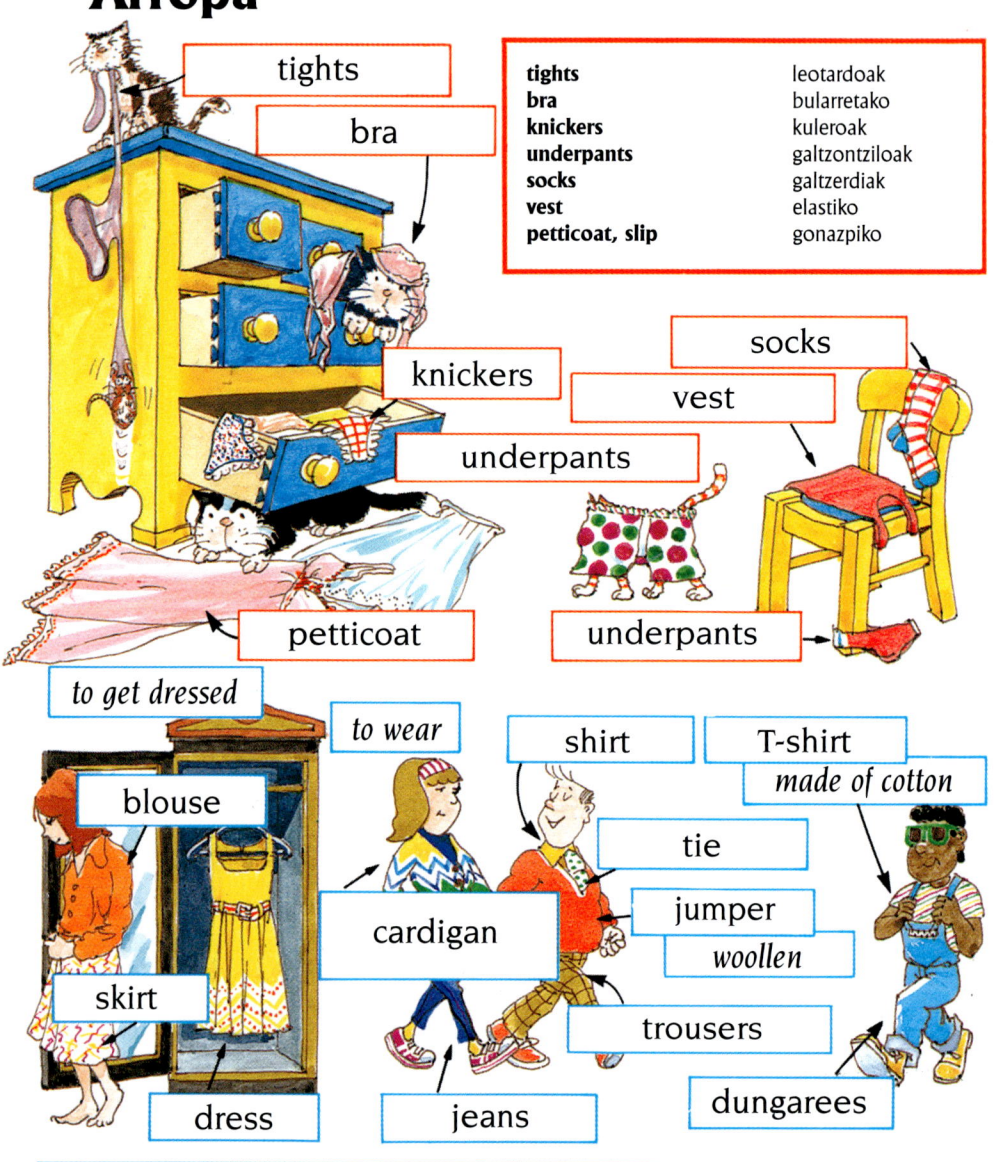

tights

bra

tights	leotardoak
bra	bularretako
knickers	kuleroak
underpants	galtzontziloak
socks	galtzerdiak
vest	elastiko
petticoat, slip	gonazpiko

knickers

socks

vest

underpants

petticoat

underpants

to get dressed

to wear

shirt

T-shirt
made of cotton

blouse

tie

cardigan

jumper
woollen

skirt

trousers

dress

jeans

dungarees

to get dressed	jantzi	**tie**	gorbata
blouse	blusa	**jumper**	jertse
skirt	gona	**woollen**	artilezko
dress	soineko	**trousers**	galtzak, prakak
to wear	jantzita eraman	**T-shirt**	elastiko, kamiseta
cardigan	artilezko jaka	**cotton, made of**	
jeans	jeans, galtza bakeroak	cotton	kotoizko
shirt	alkandora	**dungarees**	lan-jantzi

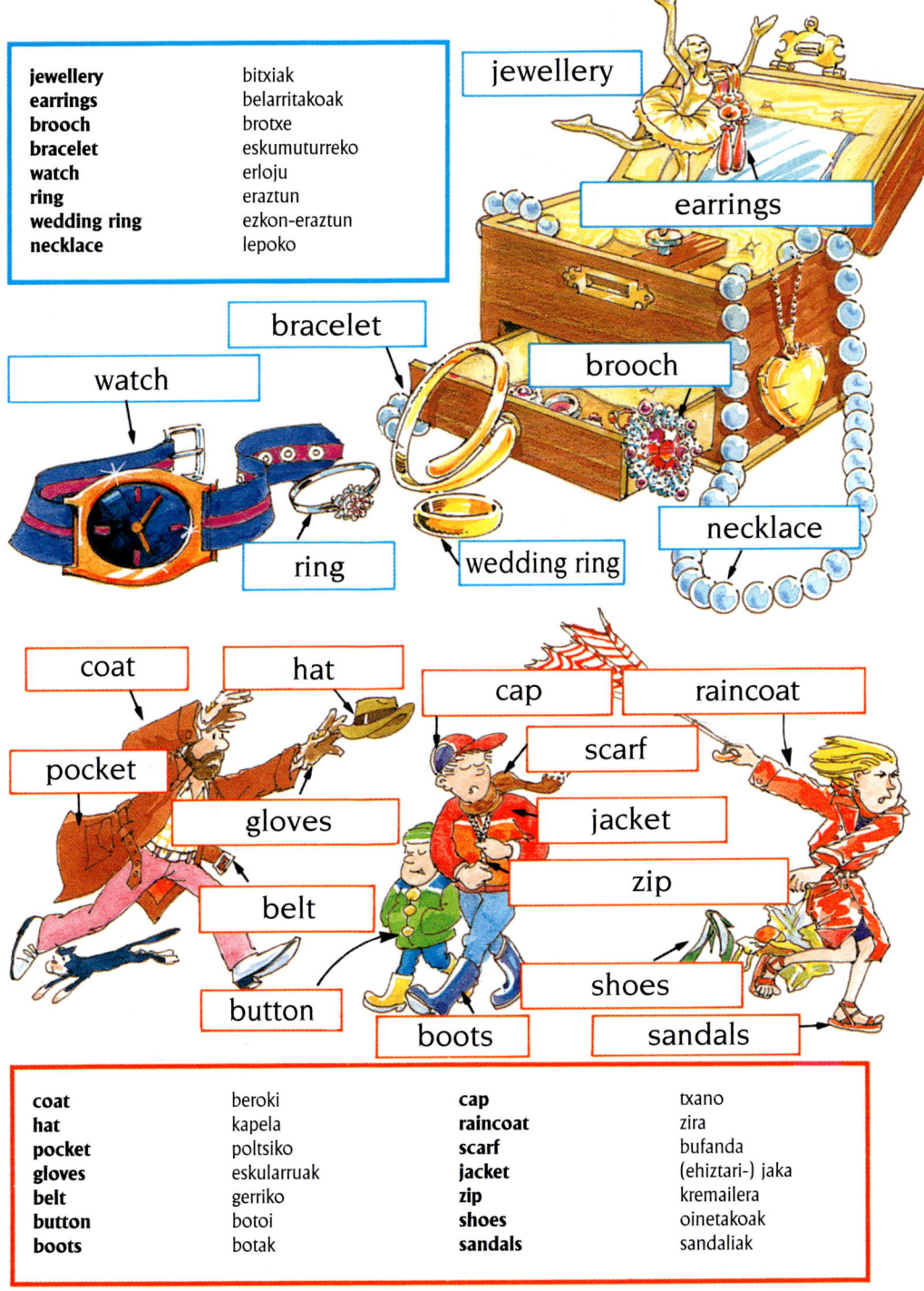

jewellery	bitxiak		
earrings	belarritakoak		
brooch	brotxe		
bracelet	eskumuturreko		
watch	erloju		
ring	eraztun		
wedding ring	ezkon-eraztun		
necklace	lepoko		

jewellery

earrings

bracelet

watch

brooch

necklace

ring

wedding ring

coat

hat

cap

raincoat

pocket

scarf

gloves

jacket

belt

zip

button

shoes

boots

sandals

coat	beroki	**cap**	txano
hat	kapela	**raincoat**	zira
pocket	poltsiko	**scarf**	bufanda
gloves	eskularruak	**jacket**	(ehiztari-) jaka
belt	gerriko	**zip**	kremailera
button	botoi	**shoes**	oinetakoak
boots	botak	**sandals**	sandaliak

Ohera!

bedtime	lotarako ordu
to switch the light on	argia piztu
to be sleepy	logura izan
to tidy up	txukundu
to get undressed	arropak erantzi

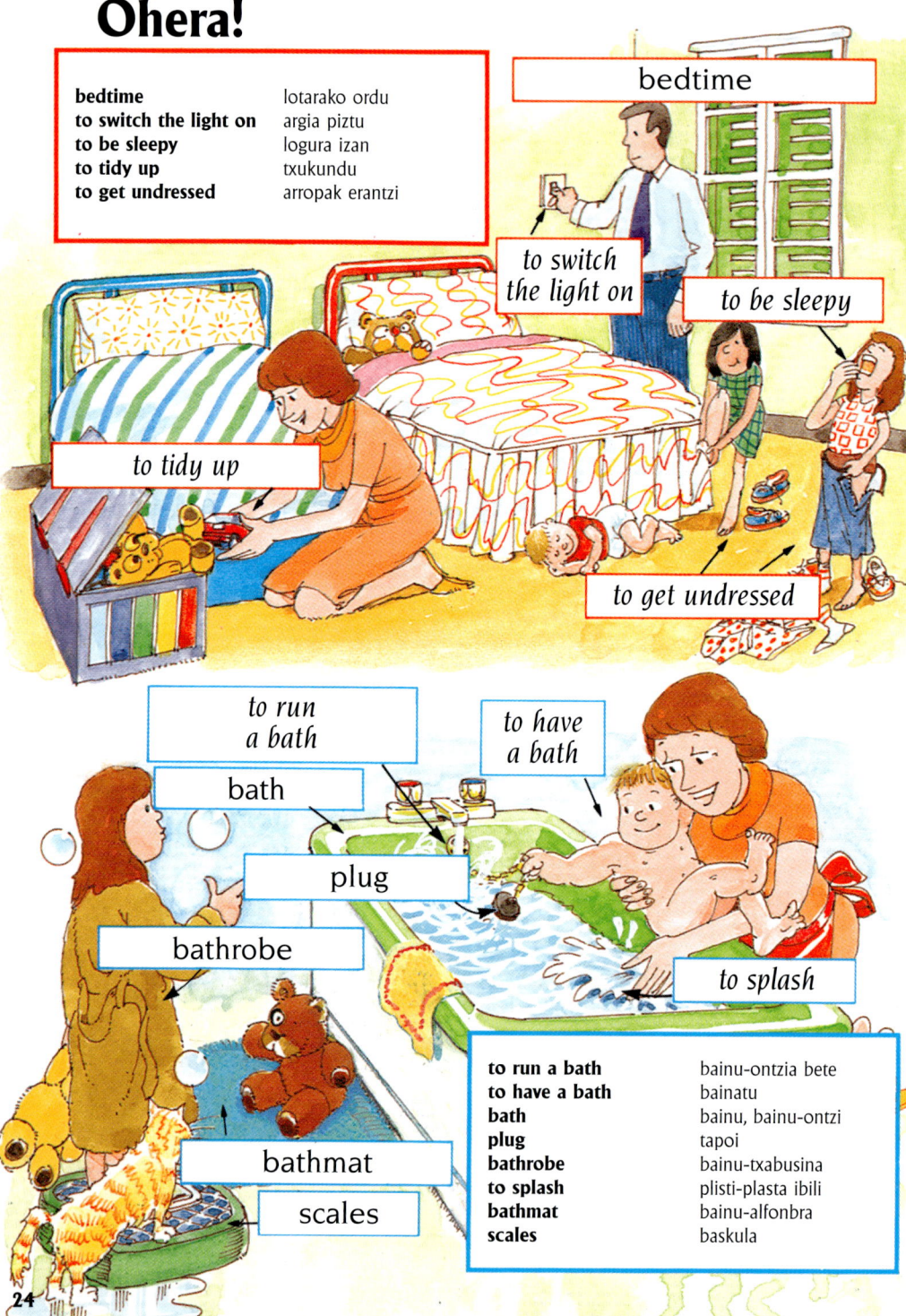

bedtime

to switch the light on

to be sleepy

to tidy up

to get undressed

to run a bath

to have a bath

bath

plug

bathrobe

to splash

bathmat

scales

to run a bath	bainu-ontzia bete
to have a bath	bainatu
bath	bainu, bainu-ontzi
plug	tapoi
bathrobe	bainu-txabusina
to splash	plisti-plasta ibili
bathmat	bainu-alfonbra
scales	baskula

24

to go to bed

pyjamas

nightdress

slippers

to go to bed	oheratu
pyjamas	pijama
nightdress	kamisoi
slippers	zapatilak, txapinak

lullaby

to read a story

cot

to fall asleep

lullaby	lo-kanta
to read a story	ipuina irakurri
cot	sehaska
to fall asleep	loak hartu

Good-night.

Sleep well.

to dream

to snore

to sleep

pillow

to switch the light off

bedside lamp

sheet

duvet

bedspread

bedside table

bed

Godd-night.	Gabon!	**duvet**	edredoi
Sleep well.	Ondo lo egin!	**bed**	ohe
to dream	amets egin	**to snore**	zurrunga egin
to sleep	lo egin	**pillow**	burko
to switch the light off	argia itzali	**sheet**	izara, maindire
bedside lamp	oheburuko argitxo	**bedspread**	ohe-estalki
bedside table	gau-mahai		

25

Janariak eta edariak

to lay the table	mahaia prestatu
It's ready!	Prest dago!
coffee-pot	kafe-ontzi
teapot	te-ontzi
napkin	ezpain-zapi
glass	edalontzi
bowl	katilu
plate	plater
cup	kikara
saucer	platertxo
tablecloth	mahai-zapi
jug	pitxer
spoon	koilara
knife	ganibet, aizto
fork	sardexka

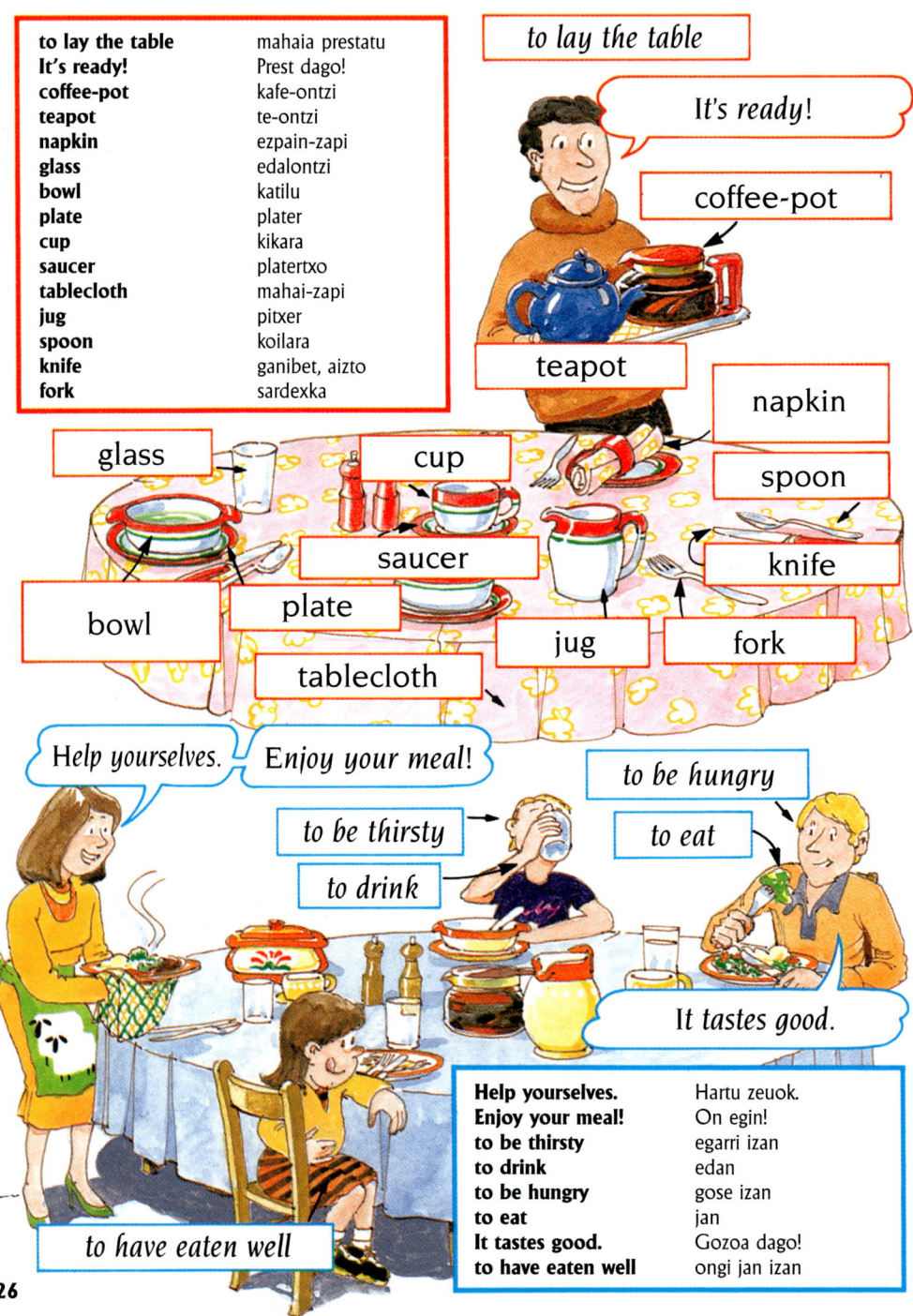

to lay the table

It's ready!

coffee-pot

teapot

napkin

spoon

knife

glass

cup

saucer

plate

bowl

jug

fork

tablecloth

Help yourselves.

Enjoy your meal!

to be hungry

to be thirsty

to eat

to drink

It tastes good.

to have eaten well

Help yourselves.	Hartu zeuok.
Enjoy your meal!	On egin!
to be thirsty	egarri izan
to drink	edan
to be hungry	gose izan
to eat	jan
It tastes good.	Gozoa dago!
to have eaten well	ongi jan izan

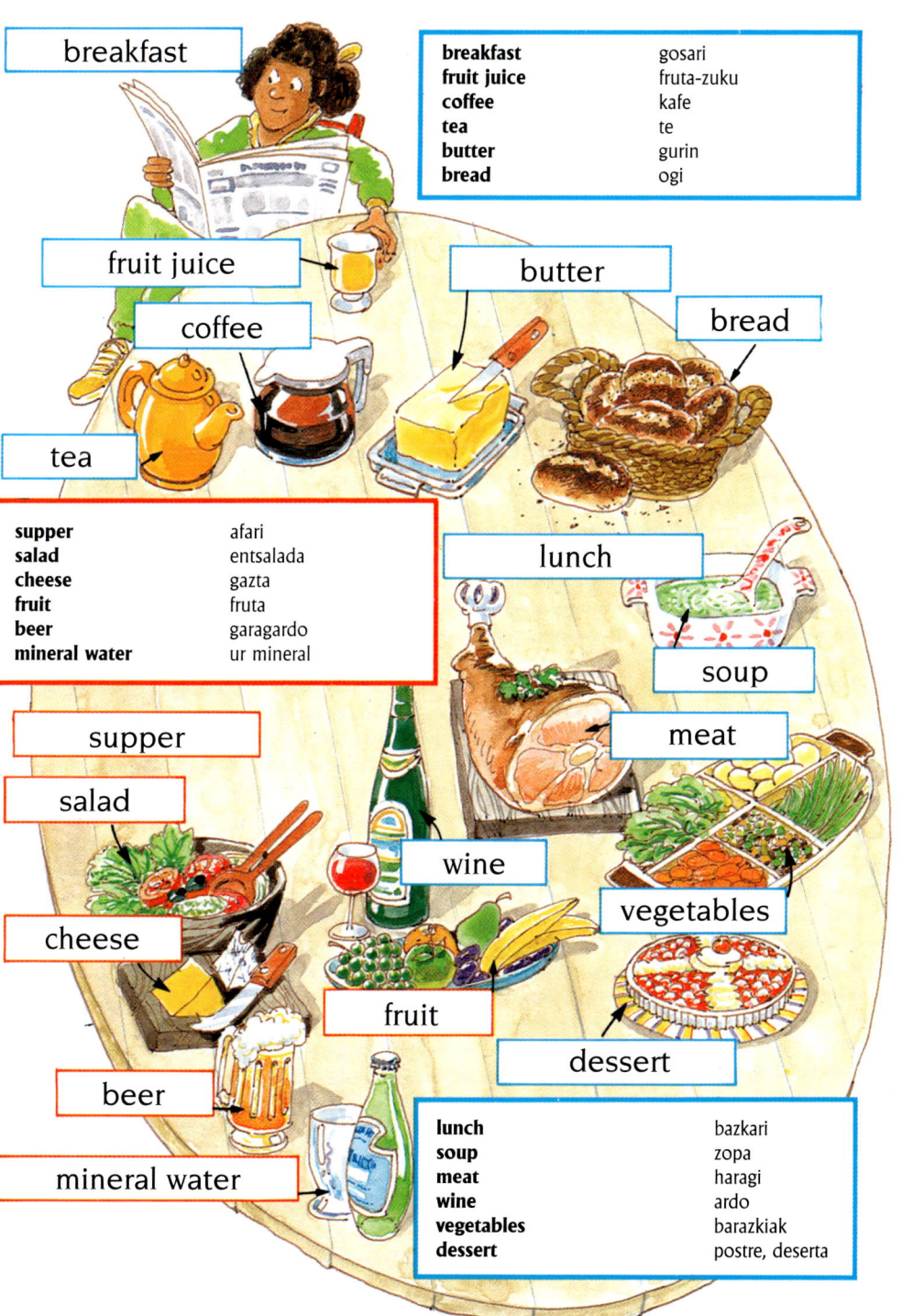

breakfast

breakfast	gosari
fruit juice	fruta-zuku
coffee	kafe
tea	te
butter	gurin
bread	ogi

fruit juice

butter

coffee

bread

tea

supper	afari
salad	entsalada
cheese	gazta
fruit	fruta
beer	garagardo
mineral water	ur mineral

lunch

soup

supper

meat

salad

wine

cheese

vegetables

fruit

dessert

beer

mineral water

lunch	bazkari
soup	zopa
meat	haragi
wine	ardo
vegetables	barazkiak
dessert	postre, deserta

27

Erosketak

meat

paté

salami

meat	haragi
paté	pate
salami	saltxitxoi
leg of lamb	arkume-izter
pork chop	txerri-txuleta
chicken	oilasko
steak	xerra
ham	urdaiazpiko
veal	txahalki
sausage	saltxitxa

leg of lamb

ham

veal

pork chop

steak

sausage

chicken

pea

vegetables

carrot

lettuce

fresh

raw

spinach

cabbage

tomato

garlic

cauliflower

green bean

onion

Brussels sprout

potato

vegetables	barazkiak	**cauliflower**	azalore
fresh	fresko, berri	**Brussels sprout**	Brusela aza
cabbage	aza	**lettuce**	letxuga, uraza
garlic	baratxuri, berakatz	**raw**	gordin
onion	tipula	**tomato**	tomate
pea	ilar	**green bean**	leka
carrot	azenario	**potato**	patata
spinach	espinaka, ziazerba		

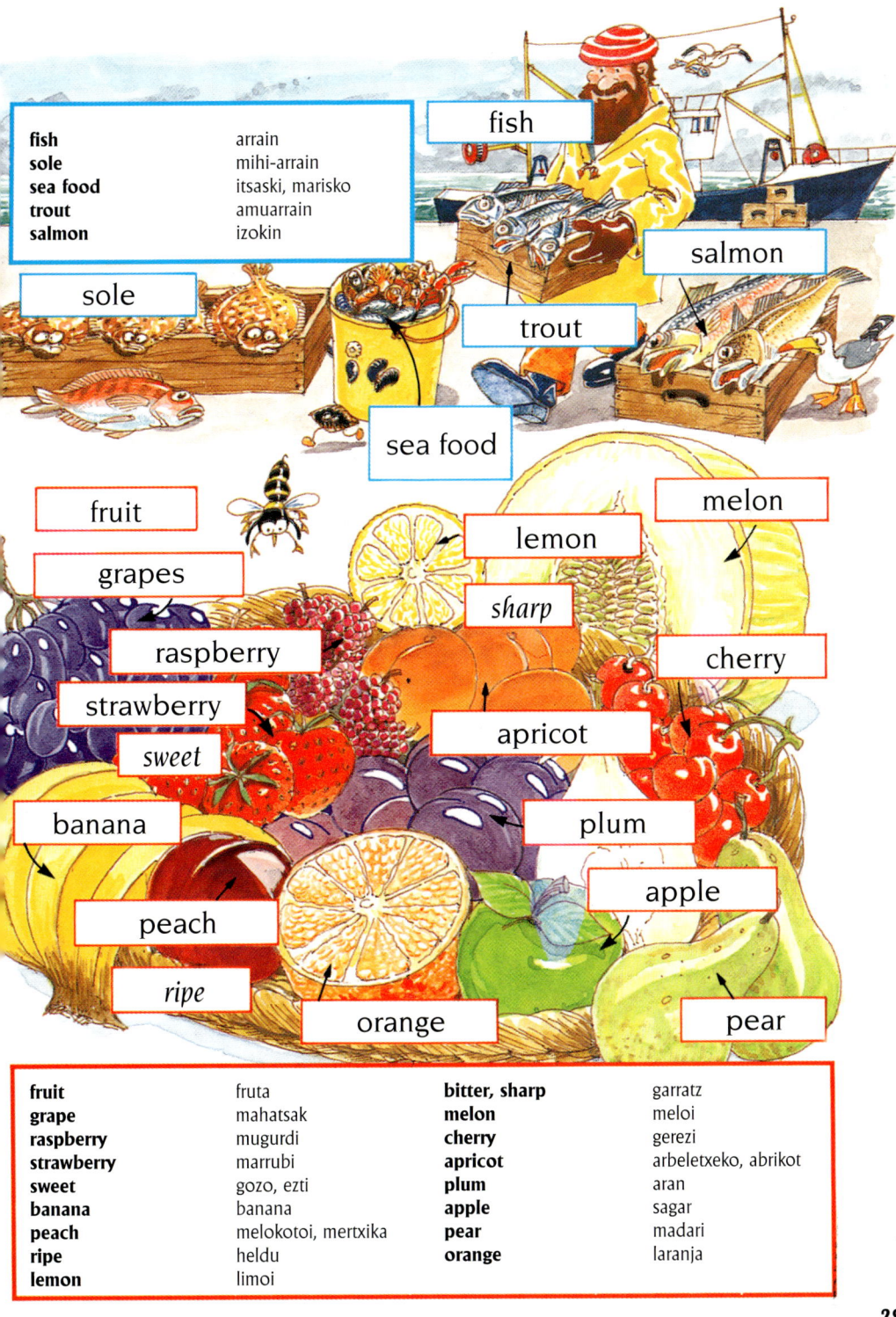

fish

fish	arrain
sole	mihi-arrain
sea food	itsaski, marisko
trout	amuarrain
salmon	izokin

sole

salmon

trout

sea food

fruit

melon

grapes

lemon

sharp

raspberry

cherry

strawberry

apricot

sweet

banana

plum

apple

peach

ripe

orange

pear

fruit	fruta	**bitter, sharp**	garratz
grape	mahatsak	**melon**	meloi
raspberry	mugurdi	**cherry**	gerezi
strawberry	marrubi	**apricot**	arbeletxeko, abrikot
sweet	gozo, ezti	**plum**	aran
banana	banana	**apple**	sagar
peach	melokotoi, mertxika	**pear**	madari
ripe	heldu	**orange**	laranja
lemon	limoi		

Erosketak

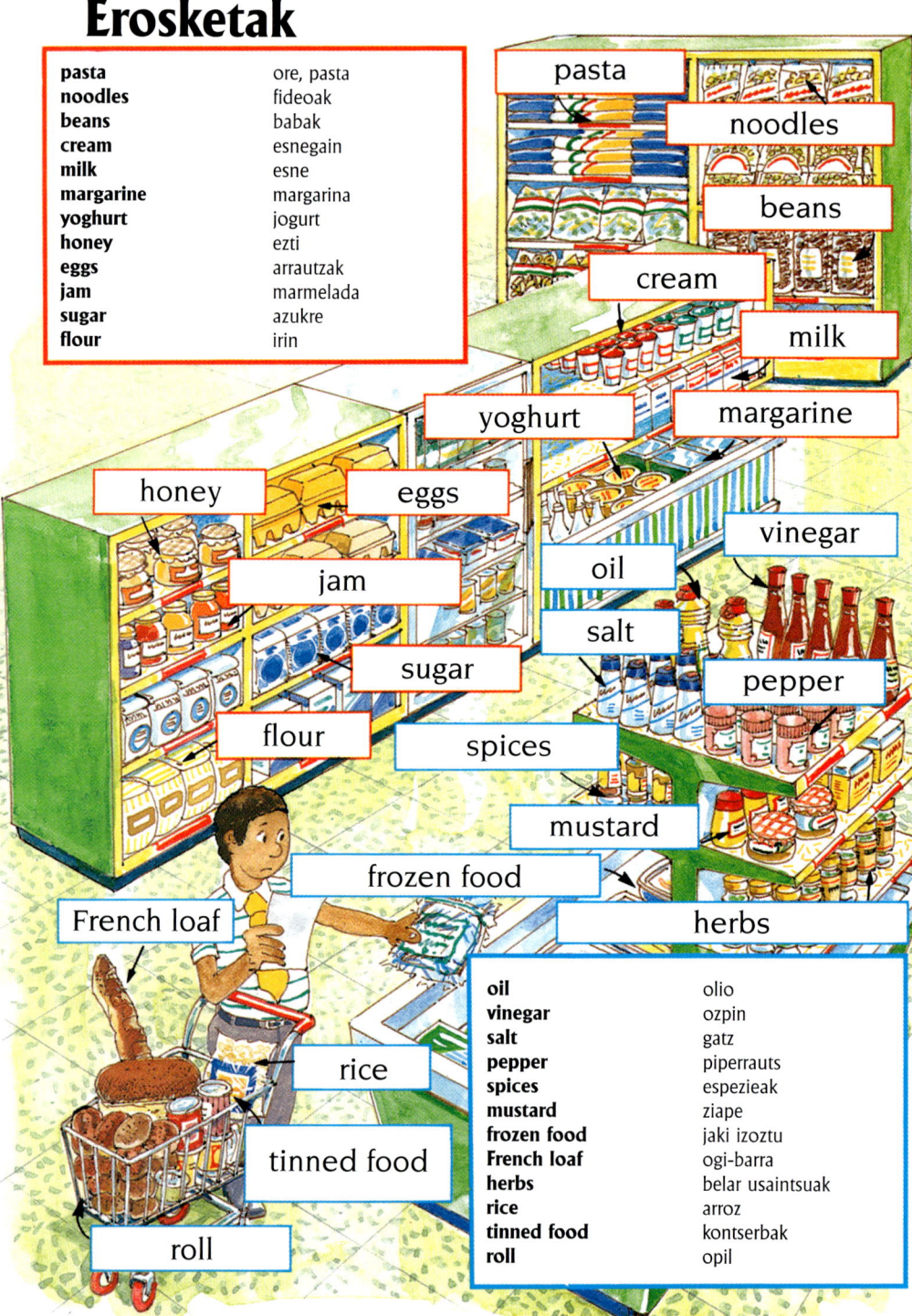

pasta	ore, pasta
noodles	fideoak
beans	babak
cream	esnegain
milk	esne
margarine	margarina
yoghurt	jogurt
honey	ezti
eggs	arrautzak
jam	marmelada
sugar	azukre
flour	irin

pasta

noodles

beans

cream

milk

yoghurt

margarine

honey

eggs

vinegar

jam

oil

salt

sugar

pepper

flour

spices

mustard

frozen food

French loaf

herbs

rice

tinned food

roll

oil	olio
vinegar	ozpin
salt	gatz
pepper	piperrauts
spices	espezieak
mustard	ziape
frozen food	jaki izoztu
French loaf	ogi-barra
herbs	belar usaintsuak
rice	arroz
tinned food	kontserbak
roll	opil

chocolate	txokolate
biscuit	galleta
tart	tarta
doughnut	doughnut
cake	bizkotxo
ice-cream	izozki
pastry	pastel

chocolate

biscuit

tart

doughnut

pastry

cake

ice-cream

to taste

to cook

recipe

flavour

Delicious!

ingredients

to mix

to cook	janaria prestatu
recipe	errezeta
ingredients	osagaiak
to mix	nahastu, irabiatu
to taste	dastatu
flavour, taste	zapore
Delicious!	Gozo-gozoa!

Denbora-pasak

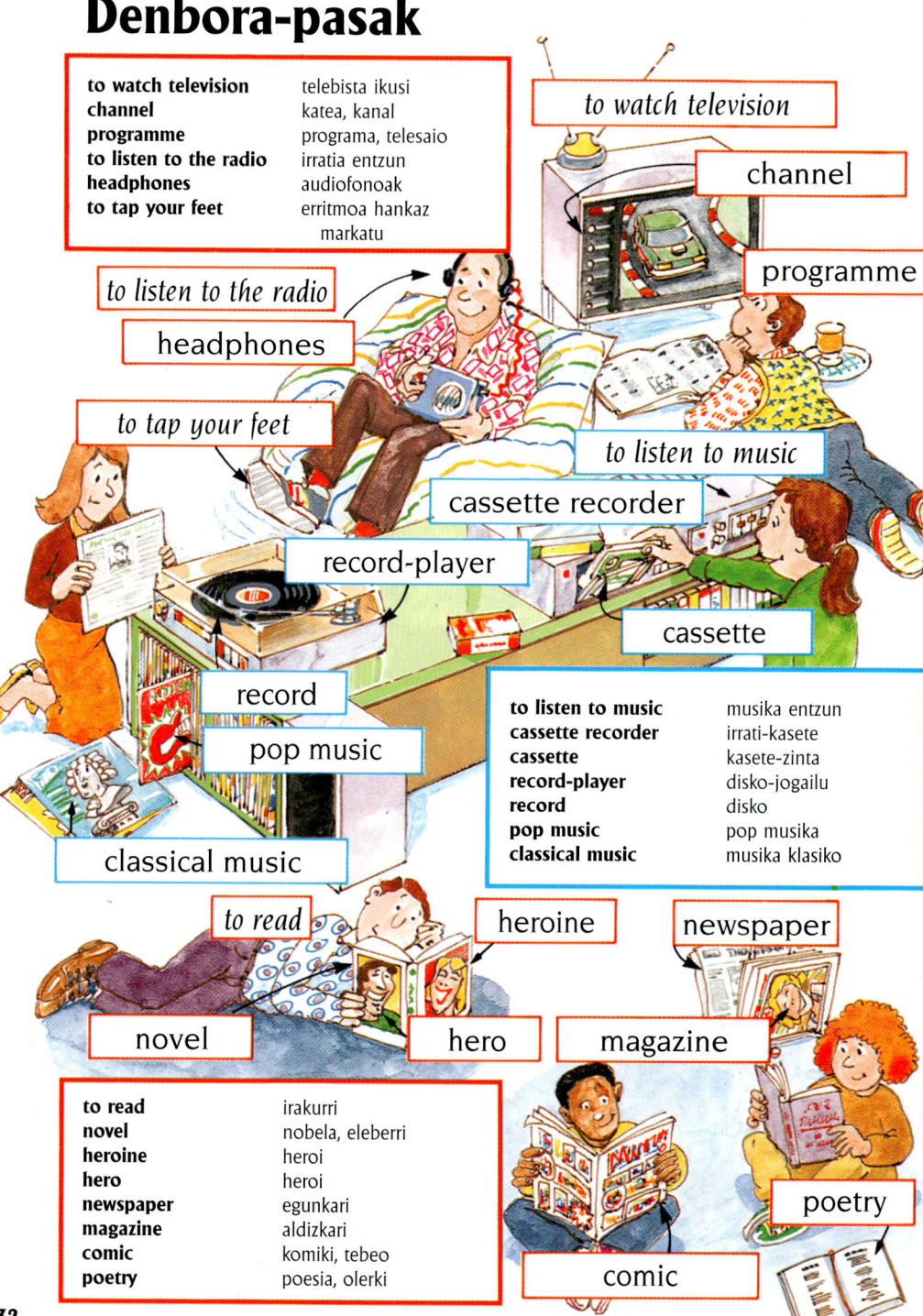

to watch television	telebista ikusi
channel	katea, kanal
programme	programa, telesaio
to listen to the radio	irratia entzun
headphones	audiofonoak
to tap your feet	erritmoa hankaz markatu

to watch television

channel

programme

to listen to the radio

headphones

to tap your feet

to listen to music

cassette recorder

record-player

cassette

record

pop music

to listen to music	musika entzun
cassette recorder	irrati-kasete
cassette	kasete-zinta
record-player	disko-jogailu
record	disko
pop music	pop musika
classical music	musika klasiko

classical music

to read

heroine

newspaper

novel

hero

magazine

to read	irakurri
novel	nobela, eleberri
heroine	heroi
hero	heroi
newspaper	egunkari
magazine	aldizkari
comic	komiki, tebeo
poetry	poesia, olerki

poetry

comic

32

to knit

knitting needles

pattern

to knit	puntua egin, trikotatu
knitting needles	puntua egiteko orratzak
pattern	eredu
wool	artile

wool

to sew	josi
fabric	oihal, ehun
scissors	guraizeak, artaziak
thread	hari
pin	orratz burudun
needle	jostorratz
to make	egin

to sew

fabric

thread

to make

needle

scissors

pin

woodwork

hammer

to do odd jobs

skilful

to mend

screwdriver

saw

to make

woodwork	arotzia
to do odd jobs	lantxoak egin
saw	zerra
to make, to manufacture	egin, fabrikatu
hammer	mailu
skilful, good with your hands	eskutrebe, iaio
to mend	konpondu
screwdriver	bihurkin

33

Denbora-pasak

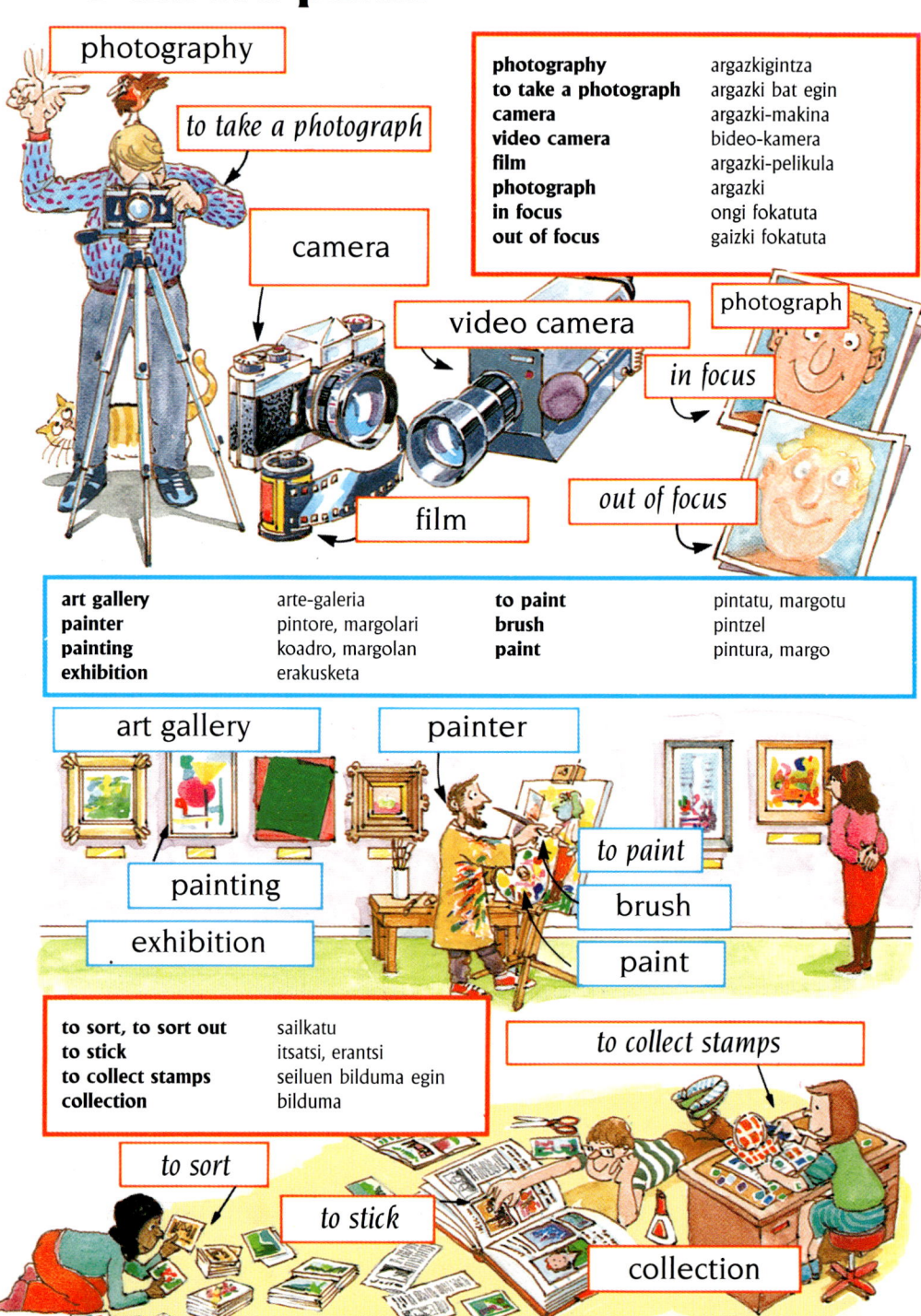

photography

to take a photograph

camera

photography	argazkigintza
to take a photograph	argazki bat egin
camera	argazki-makina
video camera	bideo-kamera
film	argazki-pelikula
photograph	argazki
in focus	ongi fokatuta
out of focus	gaizki fokatuta

video camera

photograph

in focus

out of focus

film

art gallery	arte-galeria	**to paint**	pintatu, margotu
painter	pintore, margolari	**brush**	pintzel
painting	koadro, margolan	**paint**	pintura, margo
exhibition	erakusketa		

art gallery

painter

painting

to paint

exhibition

brush

paint

to sort, to sort out	sailkatu
to stick	itsatsi, erantsi
to collect stamps	seiluen bilduma egin
collection	bilduma

to collect stamps

to sort

to stick

collection

musician	musikari	**to play the drums**	danborra jo
instrument	musika-tresna	**to play the trumpet**	turuta jo
to play the violin	bibolina jo	**to play the cello**	biolontxeloa jo
to play the piano	pianoa jo	**orchestra**	orkestra
to play the guitar	gitarra jo	**conductor**	orkestra-zuzendari

musician

instrument

to play the piano

to play the violin

to play the drums

to play de guitar

to play the cello

to play the trumpet

orchestra

conductor

to sing

tune

to sing	abestu, kantatu
tune	abesti
choir	abesbatz
to sing out of tune	desafinatu

to sing out of tune

games

choir

to play cards

to play draughts

games	jokoak
to play cards	kartatan jokatu, jolastu
to play draughts	damatan jokatu, jolastu
to play chess	xakean jokatu, jolastu
board game	mahaiko joko

board game

to play chess

Irten

cinema	zinema
to go to the cinema	zinemara joan
film	film
seat	aulki
usherette	aretozain
box-office	txarteldegi

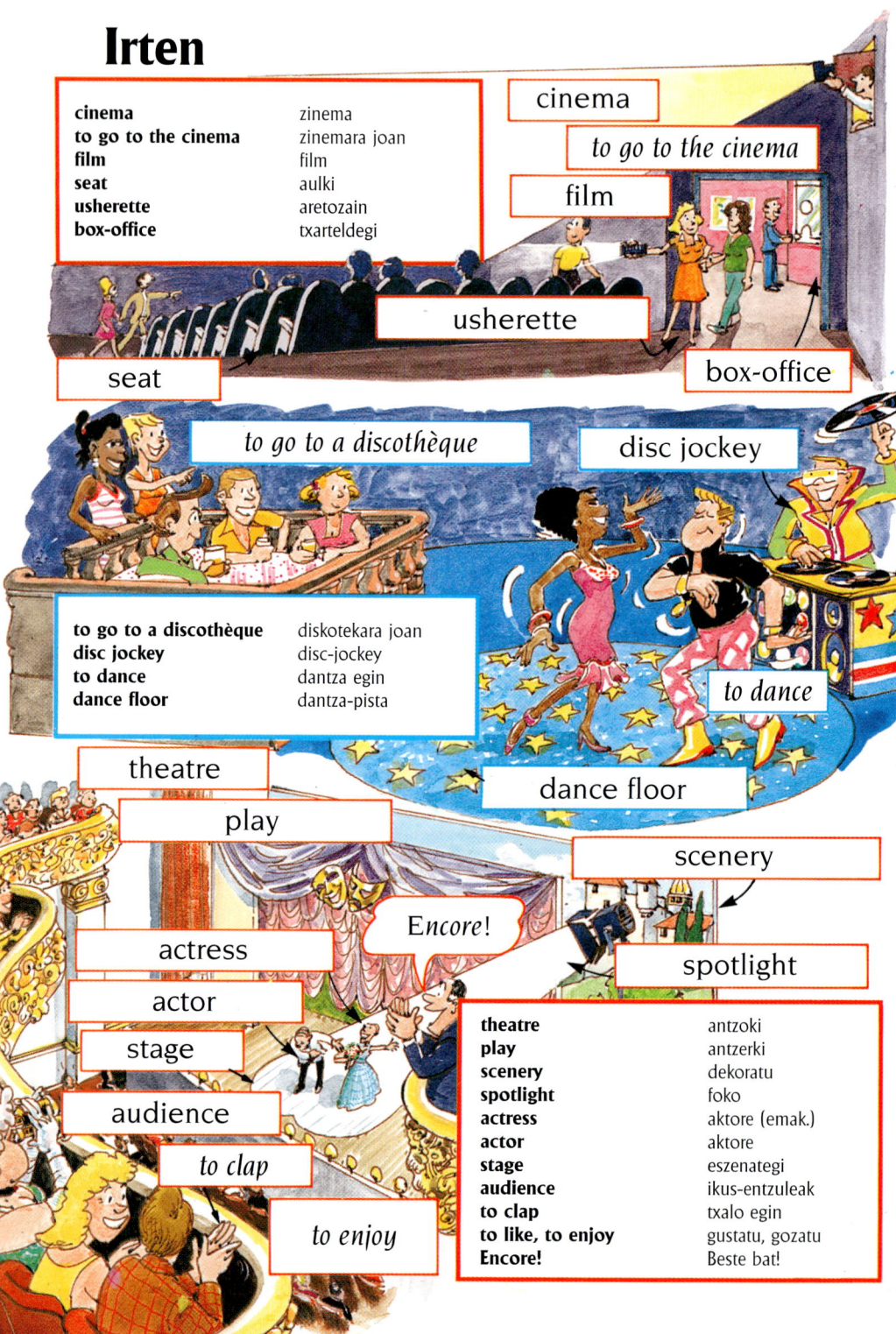

cinema

to go to the cinema

film

usherette

seat

box-office

to go to a discothèque

disc jockey

to go to a discothèque	diskotekara joan
disc jockey	disc-jockey
to dance	dantza egin
dance floor	dantza-pista

to dance

theatre

play

dance floor

scenery

actress

Encore!

spotlight

actor

stage

audience

to clap

to enjoy

theatre	antzoki
play	antzerki
scenery	dekoratu
spotlight	foko
actress	aktore (emak.)
actor	aktore
stage	eszenategi
audience	ikus-entzuleak
to clap	txalo egin
to like, to enjoy	gustatu, gozatu
Encore!	Beste bat!

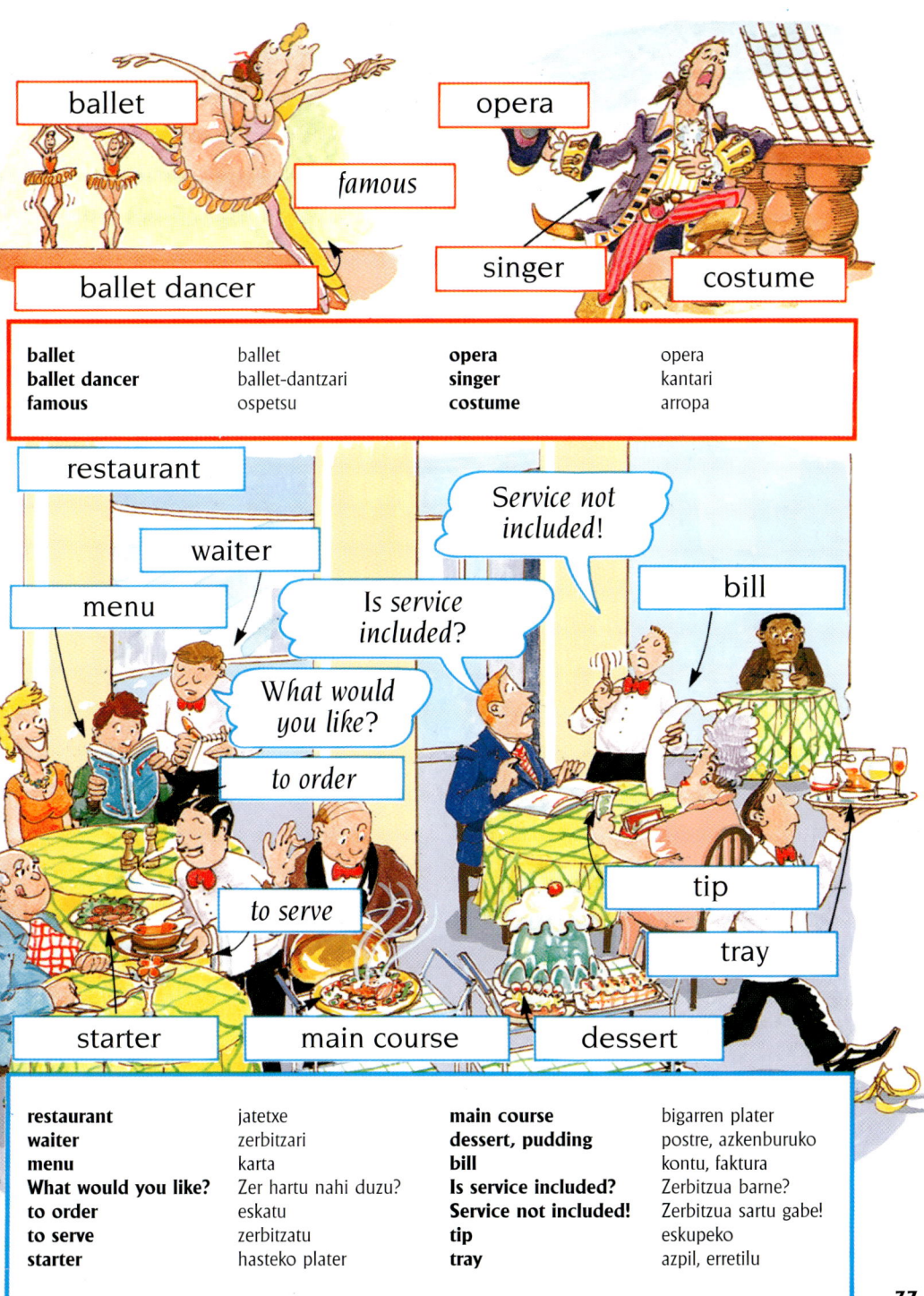

ballet

famous

ballet dancer

opera

singer

costume

ballet	ballet	**opera**	opera
ballet dancer	ballet-dantzari	**singer**	kantari
famous	ospetsu	**costume**	arropa

restaurant

waiter

menu

Is *service* included?

What would you like?

to order

Service not included!

bill

to serve

tip

tray

starter

main course

dessert

restaurant	jatetxe	**main course**	bigarren plater
waiter	zerbitzari	**dessert, pudding**	postre, azkenburuko
menu	karta	**bill**	kontu, faktura
What would you like?	Zer hartu nahi duzu?	**Is service included?**	Zerbitzua barne?
to order	eskatu	**Service not included!**	Zerbitzua sartu gabe!
to serve	zerbitzatu	**tip**	eskupeko
starter	hasteko plater	**tray**	azpil, erretilu

Zooan

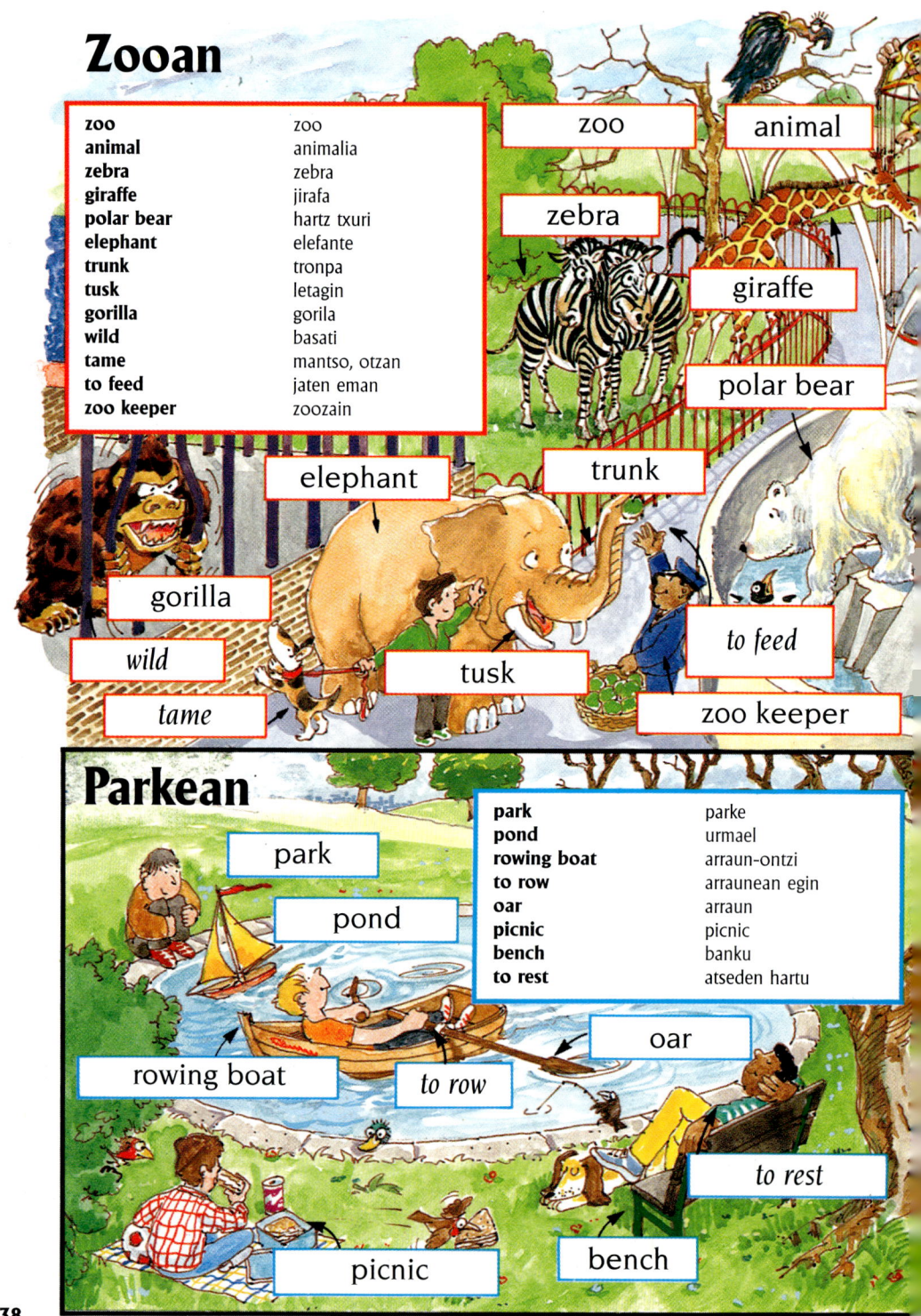

zoo	zoo
animal	animalia
zebra	zebra
giraffe	jirafa
polar bear	hartz txuri
elephant	elefante
trunk	tronpa
tusk	letagin
gorilla	gorila
wild	basati
tame	mantso, otzan
to feed	jaten eman
zoo keeper	zoozain

zoo

animal

zebra

giraffe

polar bear

elephant

trunk

gorilla

wild

tame

tusk

to feed

zoo keeper

Parkean

park	parke
pond	urmael
rowing boat	arraun-ontzi
to row	arraunean egin
oar	arraun
picnic	picnic
bench	banku
to rest	atseden hartu

park

pond

rowing boat

to row

oar

to rest

picnic

bench

monkey

kangaroo

ostrich

camel

hump

monkey	tximino
kangaroo	kanguru
ostrich	ostruka
camel	gamelu
hump	konkor
eagle	arrano
penguin	pinguino
hippopotamus	hipopotamo
cage	kaiola
lion	lehoi
to roar	orro egin
tiger	tigre
snake	suge

cage

lion

eagle

penguin

to roar

tiger

hippopotamus

snake

park keeper

swing

park keeper	parkezain
swing	zabu
to keep an eye on	zaindu
to climb	igo
to dig	zuloa egin
slide	txirrista
roundabout	zaldiko-maldiko
to hang on	heldu

to keep an eye on

to climb

slide

roundabout

to dig

to hang on

Hirian

city
suburb
town
skyscraper
cathedral
river
bridge
district
building
church
cemetery

city	hiri handi
suburb	aldiri
town	hiri
skyscraper	etxe-orratz
cathedral	katedral
river	ibai
bridge	zubi
district	auzo
building	eraikin
church	eliza
cemetery	hilerri

fire station
town hall
police station
office block
fire engine
police car
factory
library

fire station	suhiltzaile-etxe	**offices, office block**	bulegoak
fire engine	suhiltzaile-auto	**police station**	polizia-etxe
factory	lantegi	**police car**	polizia-auto
town hall	udaletxe	**library**	biblioteka

40

town centre	hiriaren erdi
street	kale
narrow	estu
broad	zabal
corner	izkina, kantoi
to cross the street	kalea zeharkatu
pedestrian crossing	oinezkoen pasabide
pedestrian	oinezko
square	plaza
statue	estatua
street light	kale-argi
market place	azoka
subway	azpibide

town centre

street

broad

narrow

corner

to cross the street

pedestrian crossing

pedestrian

square

statue

street light

market place

subway

newspaper-stand	kiosko
pigeon	uso
crowd	jendetza
bustling, busy	zaratatsu
litter bin	paperontzi
pavement	espaloi
to hurry	presaka ibili
advertisement	iragarki

newspaper stand

pigeon

crowd

bustling

litter bin

advertisement

pavement

to hurry

Erosketak egiten

to make a list

shopping bag

to make a list	zerrenda egin
shopping bag	erosketa-poltsa

shops

to go shopping

butcher

delicatessen

grocery shop

bakery

fishmonger

cake shop

chemist

needlecraft shop

bookshop

florist

hairdresser

record shop

boutique

shops	dendak	**chemist**	botika, farmazia
to go shopping	erosketak egitera joan	**bookshop**	liburu-denda
butcher	harategi	**needlecraft shop**	kinkila-denda
delicatessen	jaki bereziak	**florist**	loradenda
grocery shop	janari-denda	**hairdresser**	ileapaindegi
bakery	okindegi	**record shop**	disko-denda
cake shop	gozotegi	**boutique**	boutique
fishmonger	arraindegi		

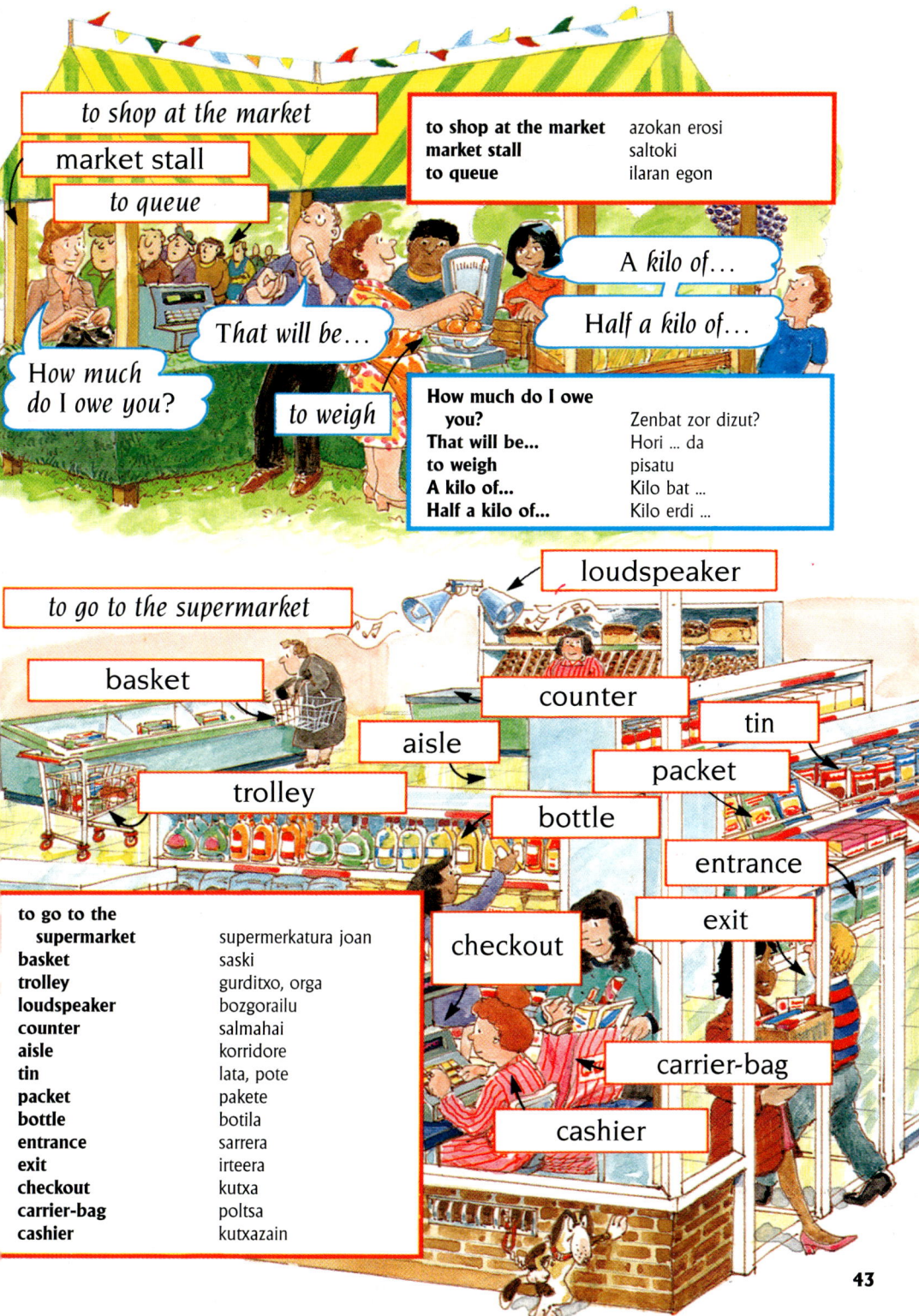

to shop at the market

market stall

to queue

to shop at the market	azokan erosi
market stall	saltoki
to queue	ilaran egon

A kilo of...

Half a kilo of...

That will be...

How much do I owe you?

to weigh

How much do I owe you?	Zenbat zor dizut?
That will be...	Hori ... da
to weigh	pisatu
A kilo of...	Kilo bat ...
Half a kilo of...	Kilo erdi ...

loudspeaker

to go to the supermarket

basket

counter

tin

aisle

packet

trolley

bottle

entrance

exit

checkout

carrier-bag

cashier

to go to the supermarket	supermerkatura joan
basket	saski
trolley	gurditxo, orga
loudspeaker	bozgorailu
counter	salmahai
aisle	korridore
tin	lata, pote
packet	pakete
bottle	botila
entrance	sarrera
exit	irteera
checkout	kutxa
carrier-bag	poltsa
cashier	kutxazain

43

Erosketak egiten

to go		**SALE**	MERKEALDI
window-shopping	erakusleihoak ikusi	**a bargain**	mauka
window display		**customer**	bezero
shop window	erakusleiho	**to buy**	erosi
It's good value.	Merke da.	**shop assistant**	saltzaile
It's expensive.	Garesti da.	**to sell**	saldu

to go window-shopping

customer

shop window

to buy

It's *good value*.

It's *expensive*.

shop assistant

to sell

SALE SALE SALE

a bargain

What size is this?

Can I help you?

small

to spend money

I *would like…*

medium

price

large

How much is…?

receipt

It costs…

to spend money	dirua gastatu	**small**	txiki
price	salneurri, prezio	**medium**	erdi
receipt	ordainagiri	**large**	handi
Can I help you?	Zer nahi duzu?	**How much is...?**	Zenbat da?
I would like...	... nahi nuke	**It costs...**	Hori ... da
What size is this?	Zer tamaina da hau?		

bookshop and stationer's	paper eta liburu-denda	**postcard**	postal
book	liburu	**ball-point pen**	boligrafo
paperback	poltsiko-liburu	**pencil**	arkatz, lapitz
envelope	gutun-azal	**writing paper**	gutun-paper

bookshop and stationer's

envelope

postcard

book

ball-point pen

pencil

paperback

writing paper

department store

department

lift

escalator

TOYS

SPORTS EQUIPMENT

FURNITURE

CLOTHES

department store	saltoki handiak	**Toys**	Jostailuak
department	sail	**Furniture**	Altzariak
escalator	eskailera mekaniko	**Sports equipment**	Kirolak
lift	igogailu	**Clothes**	Jantziak

45

Postetxean eta banketxean

post office	postetxe	**telegram**	telegrama
post-box	gutunontzi, postontzi	**form**	inprimaki
to post	postara eraman	**stamp**	seilu
letter	gutun	**airmail**	hegazkinez
parcel	pakete	**address**	helbide
collection times	bilketa-orduak	**postal code**	posta-kode
to send	bidali, igorri		

post office

post-box

to post

letter

collection times

to send

telegram

form

parcel

airmail

stamp

address

postal code

postman

mail

to deliver

postman	postari
mail	posta
to deliver	banatu

bank

cashier

money

Have you any small *change*?

to *change money*

coin

exchange rate

note

credit card

bank manager

to put money in the bank

to take money out

wallet

cheque-book

to write a cheque

purse

handbag

bank	banketxe, banku	**credit card**	kreditu-txartel
money	diru	**to put money in the bank**	bankuan dirua sartu
to change money	dirua trukatu		
exchange rate	truke-tasa	**to take money out**	dirua atera
bank manager	banku-zuzendari	**cheque-book**	txeketegi
cashier	kutxazain	**to write a cheque**	txekea bete
Have you any small change?	Baduzu txanpon txikirik?	**wallet**	kartera
		purse	diruzorro
coin	txanpon	**handbag**	eskupoltsa
note	billete		

47

Telefono-deiak eta gutunak

to make a telephone call

telephone

receiver

to ring

to answer the telephone

Hello...

Who's speaking?

It's Laura.

to pick up the receiver

to dial the number

I'll call you back.

area code

telephone number

Goodbye.

telephone directory

to hang up

to make a telephone call	telefonoz deitu	**telephone directory**	telefono-aurkitegi
telephone	telefono	**to answer the telephone**	telefonoari erantzun
receiver	entzungailu	**Hello...**	Bai, esan...
to pick up the receiver	telefonoa hartu	**Who's speaking?**	Nor da?
to dial the number	zenbakia markatu	**It's Laura.**	Laura naiz.
telephone number	telefono-zenbaki	**I'll call you back.**	Neuk deituko dizut.
area code	probintzia-kode	**Goodbye.**	Agur. Adio.
		to hang up	eseki

telephone box

disaster

to dial 112

telephone box	telefono-kabina
disaster	hondamendi
to dial 112	112 markatu

to write a letter	gutun bat idatzi	**Please find enclosed...**	Ondoan doakizu...
Dear Sir/Madam	Jaun/andre agurgarria	**By return of post.**	Hartu orduko itzuli.
Thank you for your letter of...	Eskerrak ...(e)ko zure gutunagatik	**Yours faithfully,**	Agur bero bat,

to open a letter

> Dear Laura,
> Saturday 9 January 2007
> It was lovely to hear from you.
> I am sending... separately.
> Love from...

to open a letter	gutuna ireki	**I am sending... separately...**	Aparte bidaltzen dizut...
Dear Laura:	Laura maitea:	**Love from...**	Musuak, besarkada bat...
It was lovely to hear from you.	Pozik hartu ditut zure berriak.		

to send a postcard

to send a telegram

> Having a lovely time.
> Thinking of you.

> Urgent message stop.
> Phone home stop.

to send a postcard	postala bidali	**Thinking of you.**	Zu (zuek) gogoan zaitu(zte)t.
to send a telegram	telegrama bidali		
Having a lovely time.	Oso ongi ari gara pasatzen.	**Urgent message stop.** **Phone home stop.**	Presakako mezua stop. Deitu etxera stop.

49

Garraiobideak

to walk

to run

Which way is…?

signpost

to ask the way

Is it far to…?

map

push-chair

to walk	oinez ibili	**to ask the way**	bideaz galdetu
to run	korrika egin	**map**	mapa
push-chair	haur-kotxe	**signpost**	seinale-poste
Which way is...?	Zein da bidea...?	**Is it far to...?**	Urruti dago...?

to take the bus

passenger

to get off

ticket

underground station

to get on

bus

underground

bus stop

to take the bus	autobusa hartu	**bus**	autobus
passenger	pasaiari, bidaiari	**bus stop**	autobus-geraleku
to get off	jaitsi	**underground station**	metro-geltoki
to get on	igo	**underground**	metro
ticket	txartel		

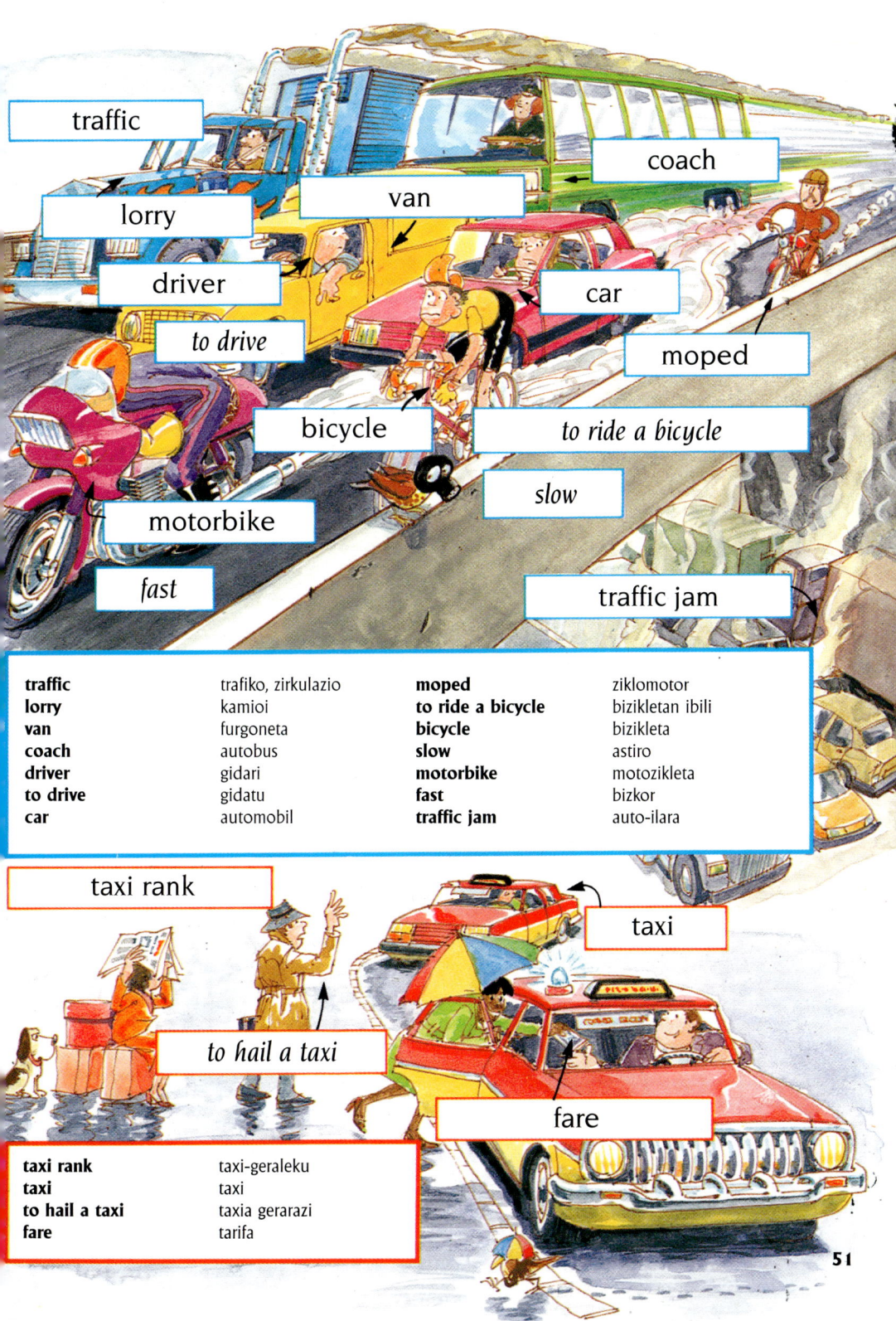

traffic

coach

van

lorry

driver

car

to drive

moped

bicycle

to ride a bicycle

slow

motorbike

fast

traffic jam

traffic	trafiko, zirkulazio	**moped**	ziklomotor
lorry	kamioi	**to ride a bicycle**	bizikletan ibili
van	furgoneta	**bicycle**	bizikleta
coach	autobus	**slow**	astiro
driver	gidari	**motorbike**	motozikleta
to drive	gidatu	**fast**	bizkor
car	automobil	**traffic jam**	auto-ilara

taxi rank

taxi

to hail a taxi

fare

taxi rank	taxi-geraleku
taxi	taxi
to hail a taxi	taxia gerarazi
fare	tarifa

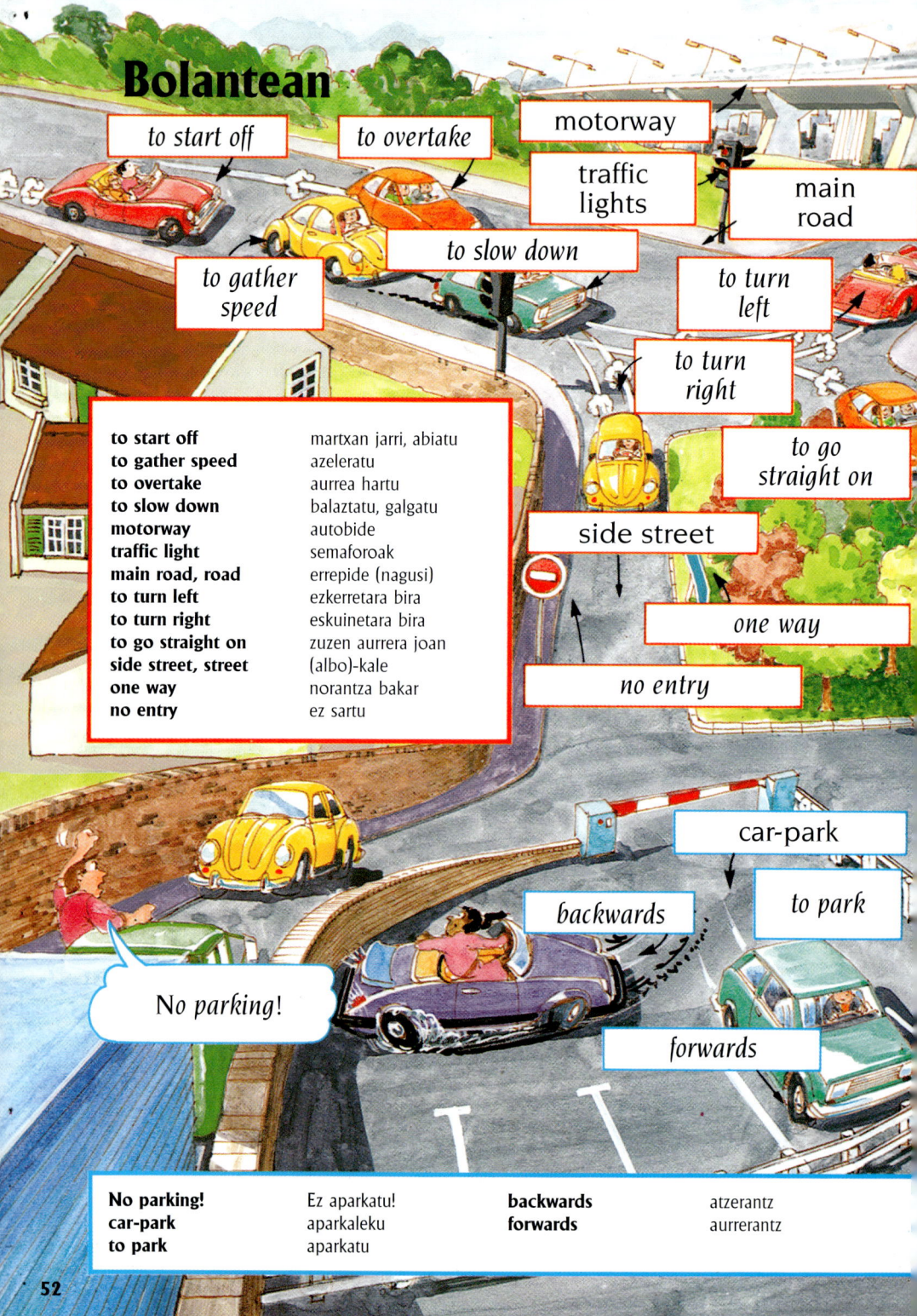

Bolantean

to start off

to overtake

motorway

traffic lights

main road

to slow down

to gather speed

to turn left

to turn right

to go straight on

to start off	martxan jarri, abiatu
to gather speed	azeleratu
to overtake	aurrea hartu
to slow down	balaztatu, galgatu
motorway	autobide
traffic light	semaforoak
main road, road	errepide (nagusi)
to turn left	ezkerretara bira
to turn right	eskuinetara bira
to go straight on	zuzen aurrera joan
side street, street	(albo)-kale
one way	norantza bakar
no entry	ez sartu

side street

one way

no entry

car-park

backwards

to park

No parking!

forwards

No parking!	Ez aparkatu!	**backwards**	atzerantz
car-park	aparkaleku	**forwards**	aurrerantz
to park	aparkatu		

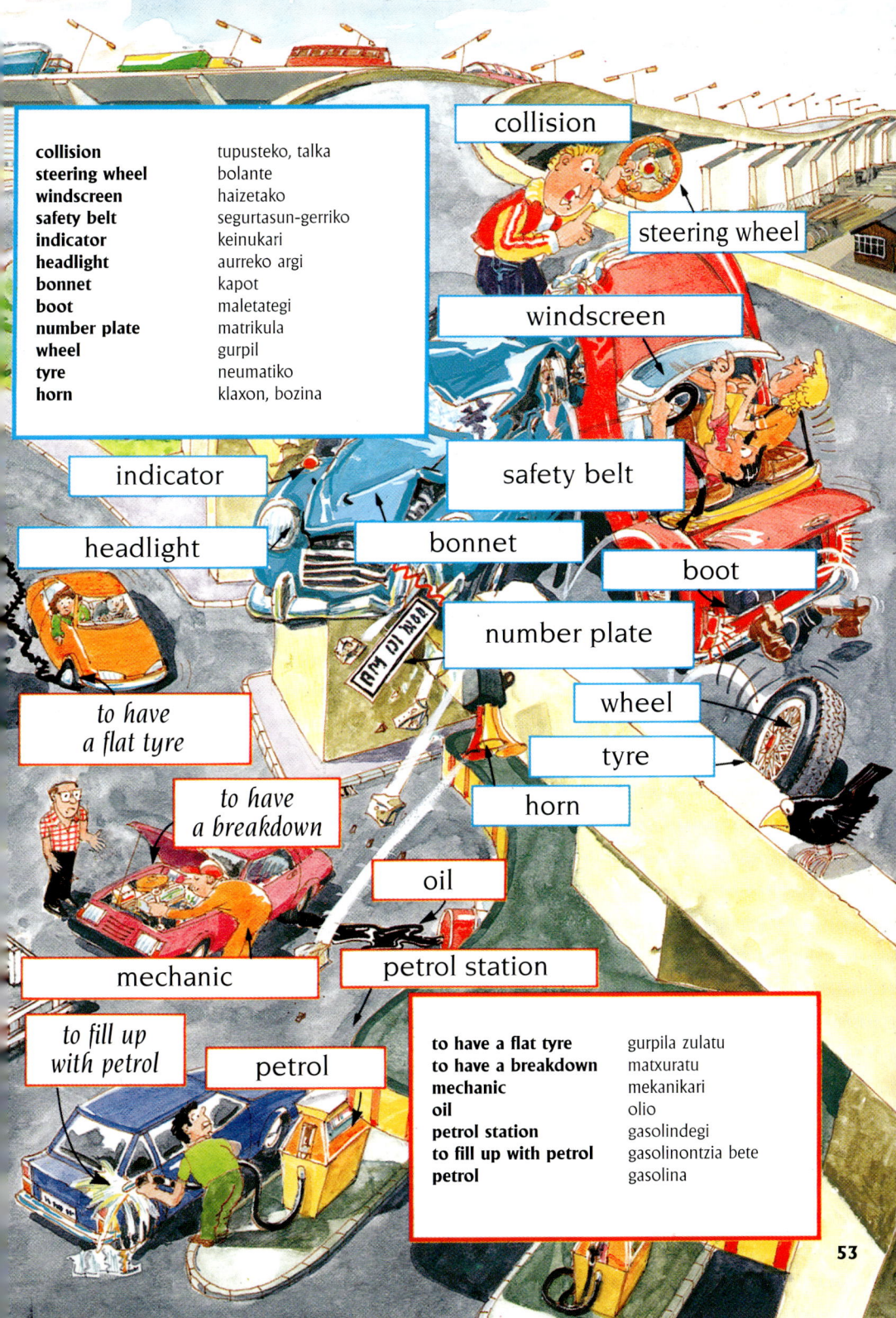

collision

collision	tupusteko, talka
steering wheel	bolante
windscreen	haizetako
safety belt	segurtasun-gerriko
indicator	keinukari
headlight	aurreko argi
bonnet	kapot
boot	maletategi
number plate	matrikula
wheel	gurpil
tyre	neumatiko
horn	klaxon, bozina

steering wheel

windscreen

indicator

safety belt

headlight

bonnet

boot

number plate

wheel

to have a flat tyre

tyre

to have a breakdown

horn

oil

mechanic

petrol station

to fill up with petrol

petrol

to have a flat tyre	gurpila zulatu
to have a breakdown	matxuratu
mechanic	mekanikari
oil	olio
petrol station	gasolindegi
to fill up with petrol	gasolinontzia bete
petrol	gasolina

53

Trena hartu

station

left luggage office

ticket collector

porter

waiting-room

barrier

traveller

timetable

The train to...

ticket office

ticket

The train from...

return ticket

season ticket

ticket machine

to reserve
a seat

platform ticket

station	geltoki	**The train from...**	...tik datorren trena.
porter	zamaketari, maletari	**ticket office**	txarteldegi
left luggage office	zaindegi, kontsigna	**ticket**	txartel
ticket collector	txartel-begiratzaile	**return ticket**	joan-etorriko txartel
waiting-room	itxarongela	**season ticket**	abonu
barrier	hesi	**ticket machine**	txartel-makina
traveller	bidaiari	**platform ticket**	nasako txartel
timetable	ordutegi	**to reserv a seat**	jarlekua gorde
The train to...	...ra doan trena.		

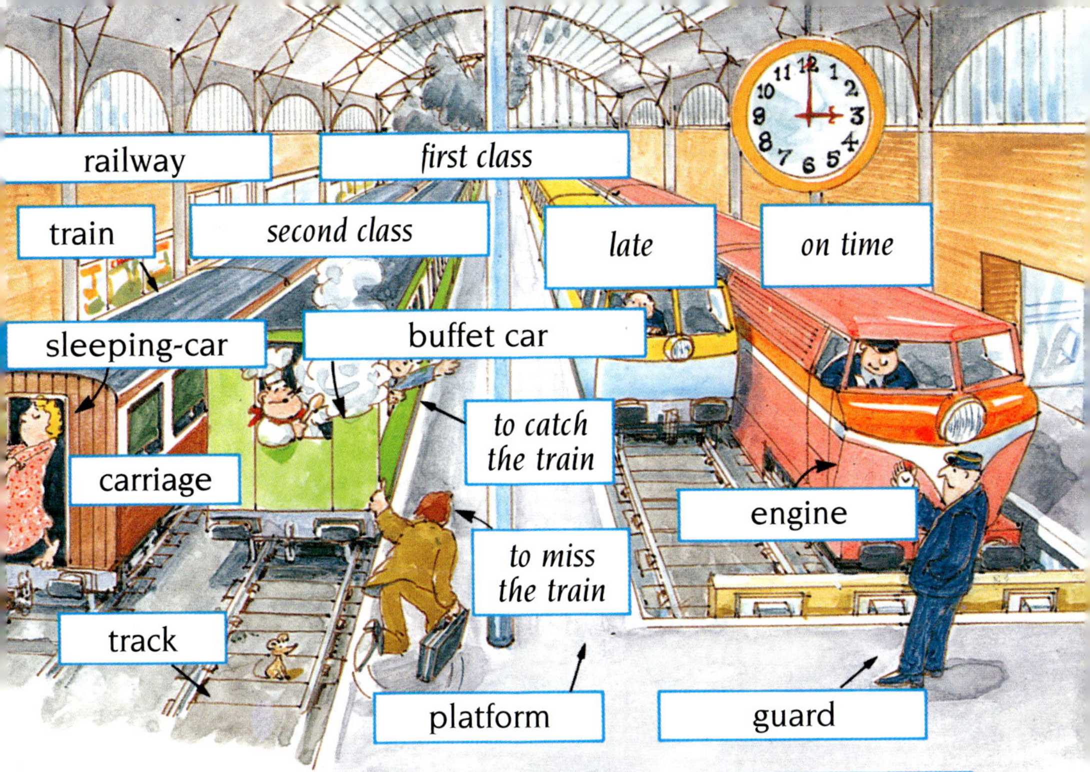

railway		first class			

train	second class		late	on time

railway

first class

train

second class

late

on time

sleeping-car

buffet car

to catch the train

carriage

engine

to miss the train

track

platform

guard

railway	trenbide	carriage	bagoi
train	tren	to catch the train	trena hartu
first class	lehen klase	to miss the train	trena galdu
second class	bigarren klase	engine	lokomotor
late	berandu	track	bide
on time	garaiz	platform	nasa
sleeping-car	ohe-bagoi	guard	geltokiburu
buffet car	jantoki-bagoi		

inter-city train

goods train

seat

reserved seat

luggage-rack

No smoking

inter-city train	hiriarteko tren
goods train	merkantzia-tren
seat	jarleku
reserved train	jarleku erreserbatu
luggage-rack	ekipaje-toki
No smoking.	Ez erre.

54

Hegazkina eta itsasontzia hartu

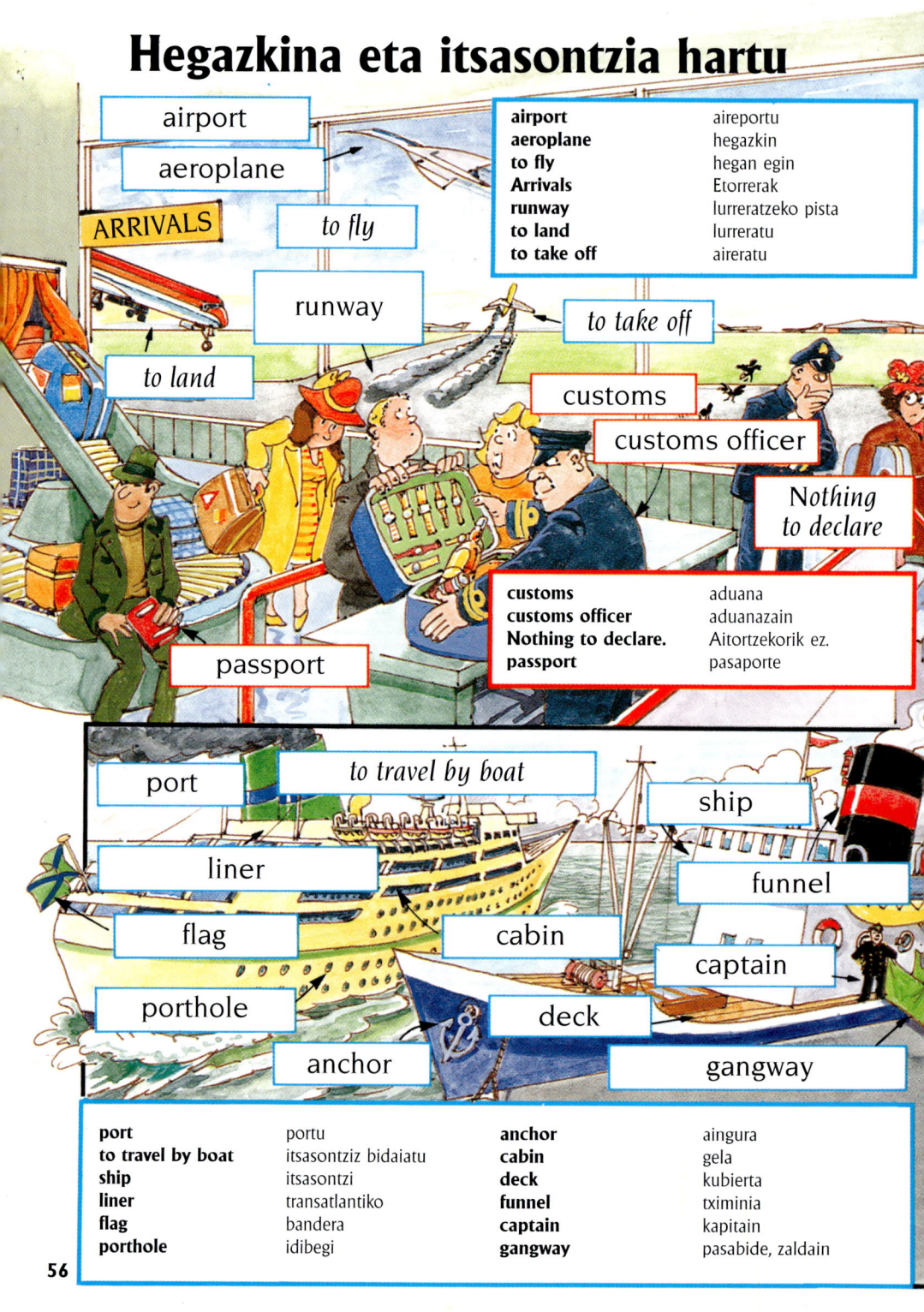

airport

aeroplane

ARRIVALS

to fly

runway

to land

to take off

airport	aireportu
aeroplane	hegazkin
to fly	hegan egin
Arrivals	Etorrerak
runway	lurreratzeko pista
to land	lurreratu
to take off	aireratu

customs

customs officer

Nothing to declare

passport

customs	aduana
customs officer	aduanazain
Nothing to declare.	Aitortzekorik ez.
passport	pasaporte

port

to travel by boat

ship

liner

funnel

flag

cabin

captain

porthole

deck

anchor

gangway

port	portu	anchor	aingura
to travel by boat	itsasontziz bidaiatu	**cabin**	gela
ship	itsasontzi	**deck**	kubierta
liner	transatlantiko	**funnel**	tximinia
flag	bandera	**captain**	kapitain
porthole	idibegi	**gangway**	pasabide, zaldain

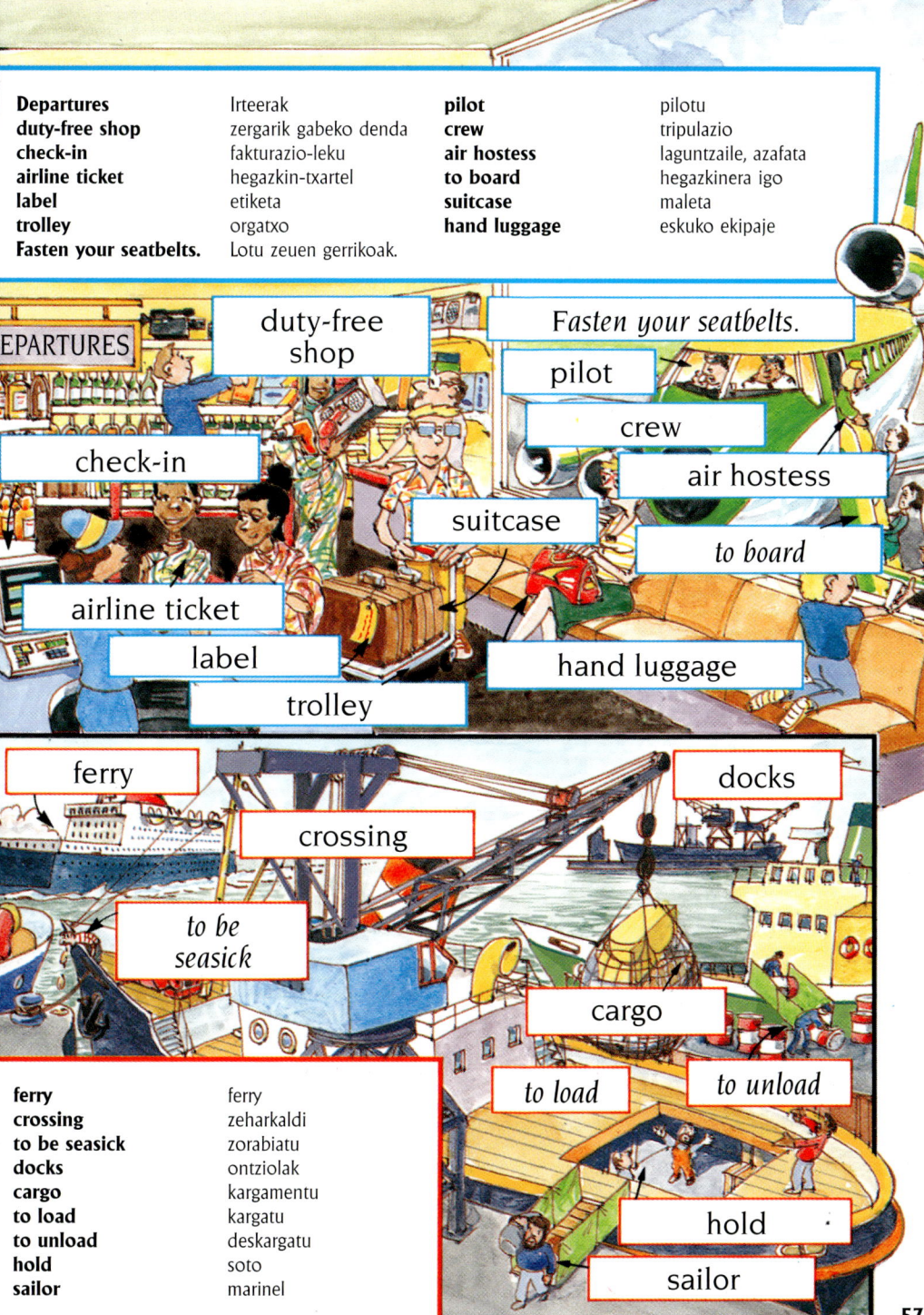

Departures	Irteerak	**pilot**	pilotu
duty-free shop	zergarik gabeko denda	**crew**	tripulazio
check-in	fakturazio-leku	**air hostess**	laguntzaile, azafata
airline ticket	hegazkin-txartel	**to board**	hegazkinera igo
label	etiketa	**suitcase**	maleta
trolley	orgatxo	**hand luggage**	eskuko ekipaje
Fasten your seatbelts.	Lotu zeuen gerrikoak.		

DEPARTURES

duty-free shop

Fasten your seatbelts.

pilot

crew

check-in

air hostess

suitcase

to board

airline ticket

label

hand luggage

trolley

ferry

docks

crossing

to be seasick

cargo

to load

to unload

hold

sailor

ferry	ferry
crossing	zeharkaldi
to be seasick	zorabiatu
docks	ontziolak
cargo	kargamentu
to load	kargatu
to unload	deskargatu
hold	soto
sailor	marinel

57

Oporretan

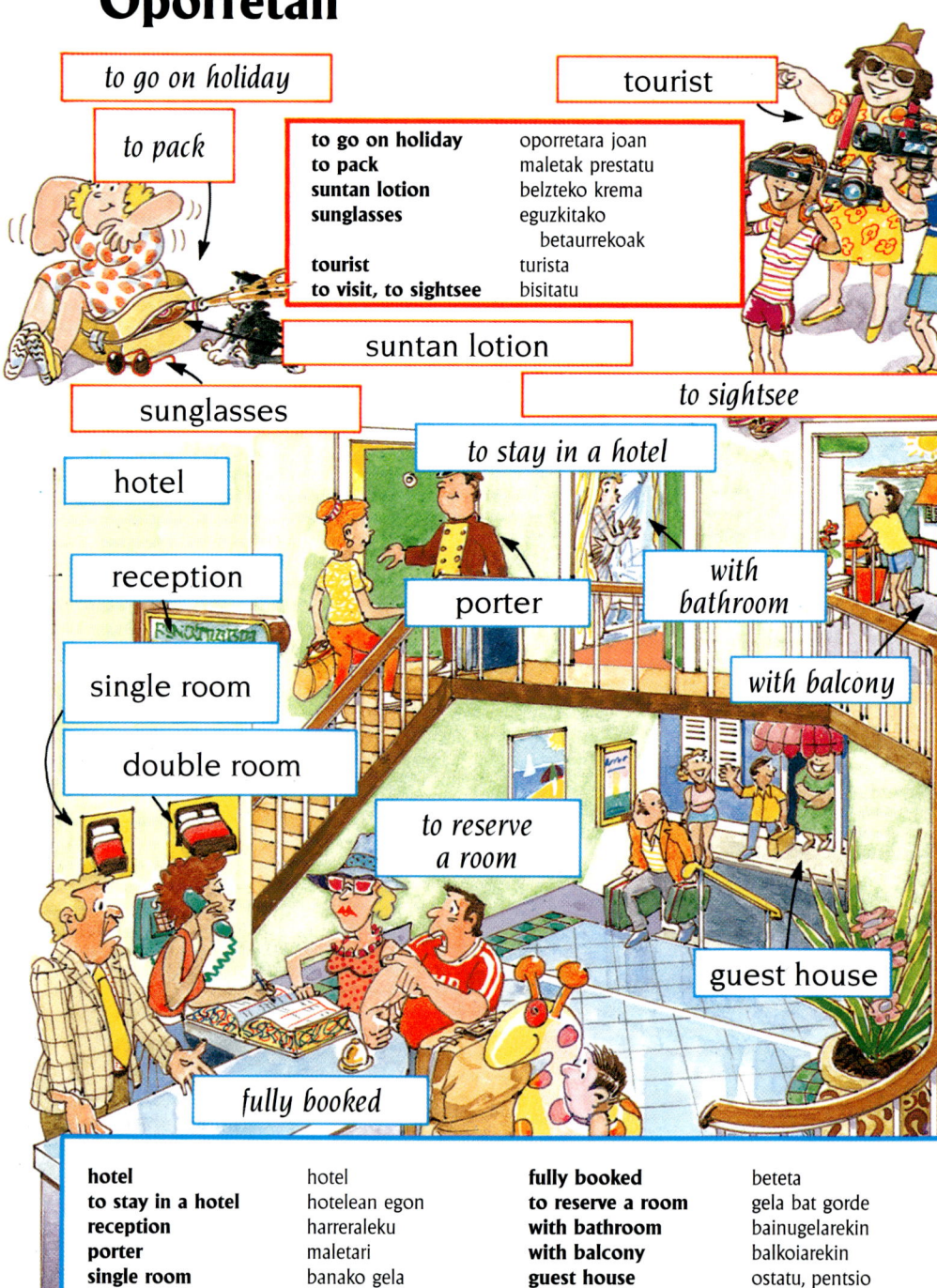

to go on holiday

to pack

tourist

to go on holiday	oporretara joan
to pack	maletak prestatu
suntan lotion	belzteko krema
sunglasses	eguzkitako
	betaurrekoak
tourist	turista
to visit, to sightsee	bisitatu

suntan lotion

sunglasses

to sightsee

to stay in a hotel

hotel

reception

porter

with bathroom

with balcony

single room

double room

to reserve a room

guest house

fully booked

hotel	hotel	**fully booked**	beteta
to stay in a hotel	hotelean egon	**to reserve a room**	gela bat gorde
reception	harreraleku	**with bathroom**	bainugelarekin
porter	maletari	**with balcony**	balkoiarekin
single room	banako gela	**guest house**	ostatu, pentsio
double room	gela bikoitz		

at the seaside

seagull

lifeguard

wave

powerboat

to waterski

to windsurf

to have a swim

to paddle

at the seaside	itsasertzean
seagull	kaio
lifeguard	zaintzaile, jagole
wave	uhin
powerboat	motordun txalupa
to waterski	eski nautikoa egin
to windsurf	windsurf egin
to swim, to have a swim	igerian egin, bainatu
to paddle	plisti-plasta ibili
sea	itsaso
sand	hondar
beach	hondartza

sea

sand

beach

to sunbathe

tanned

sunshade

sandcastle

bucket

spade

to sunbathe	eguzkia hartu
tanned	beltzaranduta
sunshade	eguzkitako
sandcastle	hondar-gaztelu
bucket	baldetxo
spade	pala

rock

seaweed

crab

shell

rock	arroka
seaweed	alga
crab	karramarro
shell	oskol, maskor

59

Oporretan

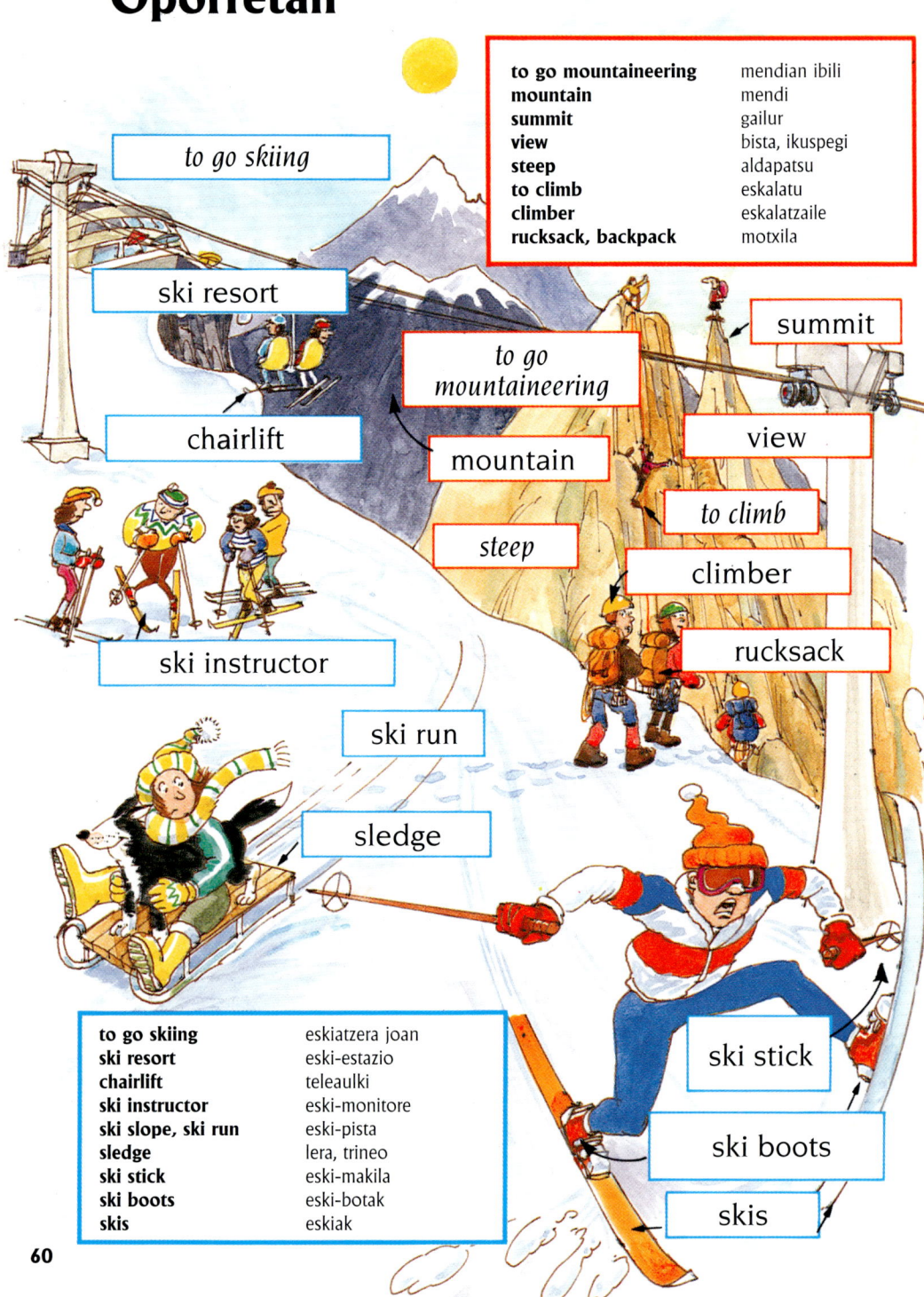

to go mountaineering	mendian ibili
mountain	mendi
summit	gailur
view	bista, ikuspegi
steep	aldapatsu
to climb	eskalatu
climber	eskalatzaile
rucksack, backpack	motxila

to go skiing

ski resort

to go mountaineering

summit

chairlift

view

mountain

to climb

steep

climber

ski instructor

rucksack

ski run

sledge

ski stick

ski boots

skis

to go skiing	eskiatzera joan
ski resort	eski-estazio
chairlift	teleaulki
ski instructor	eski-monitore
ski slope, ski run	eski-pista
sledge	lera, trineo
ski stick	eski-makila
ski boots	eski-botak
skis	eskiak

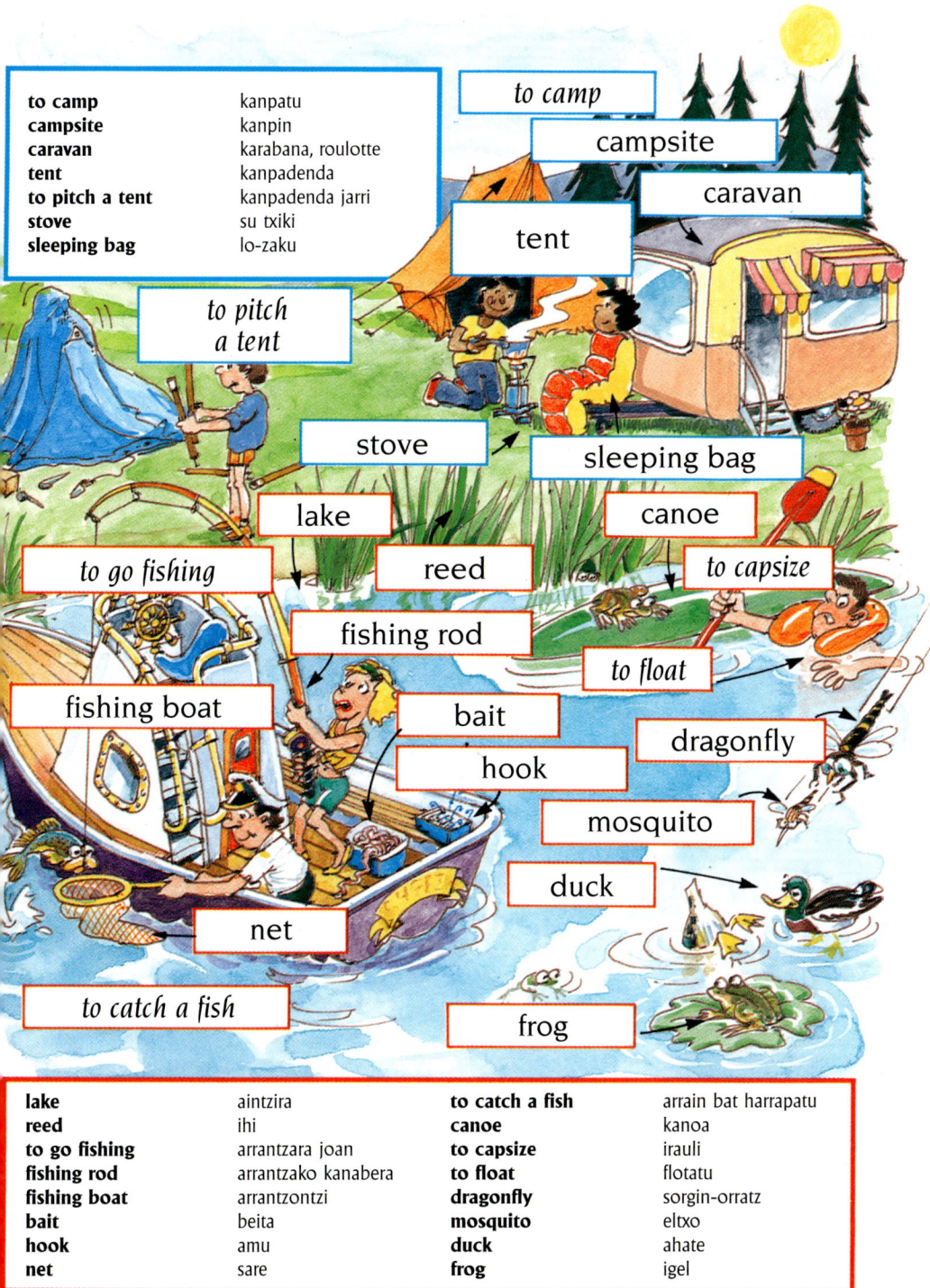

to camp	kanpatu		
campsite	kanpin		
caravan	karabana, roulotte		
tent	kanpadenda		
to pitch a tent	kanpadenda jarri		
stove	su txiki		
sleeping bag	lo-zaku		

to camp

campsite

caravan

tent

to pitch a tent

stove

sleeping bag

lake

canoe

to go fishing

reed

to capsize

fishing rod

to float

fishing boat

bait

dragonfly

hook

mosquito

duck

net

to catch a fish

frog

lake	aintzira	**to catch a fish**	arrain bat harrapatu
reed	ihi	**canoe**	kanoa
to go fishing	arrantzara joan	**to capsize**	irauli
fishing rod	arrantzako kanabera	**to float**	flotatu
fishing boat	arrantzontzi	**dragonfly**	sorgin-orratz
bait	beita	**mosquito**	eltxo
hook	amu	**duck**	ahate
net	sare	**frog**	igel

Landazabalean

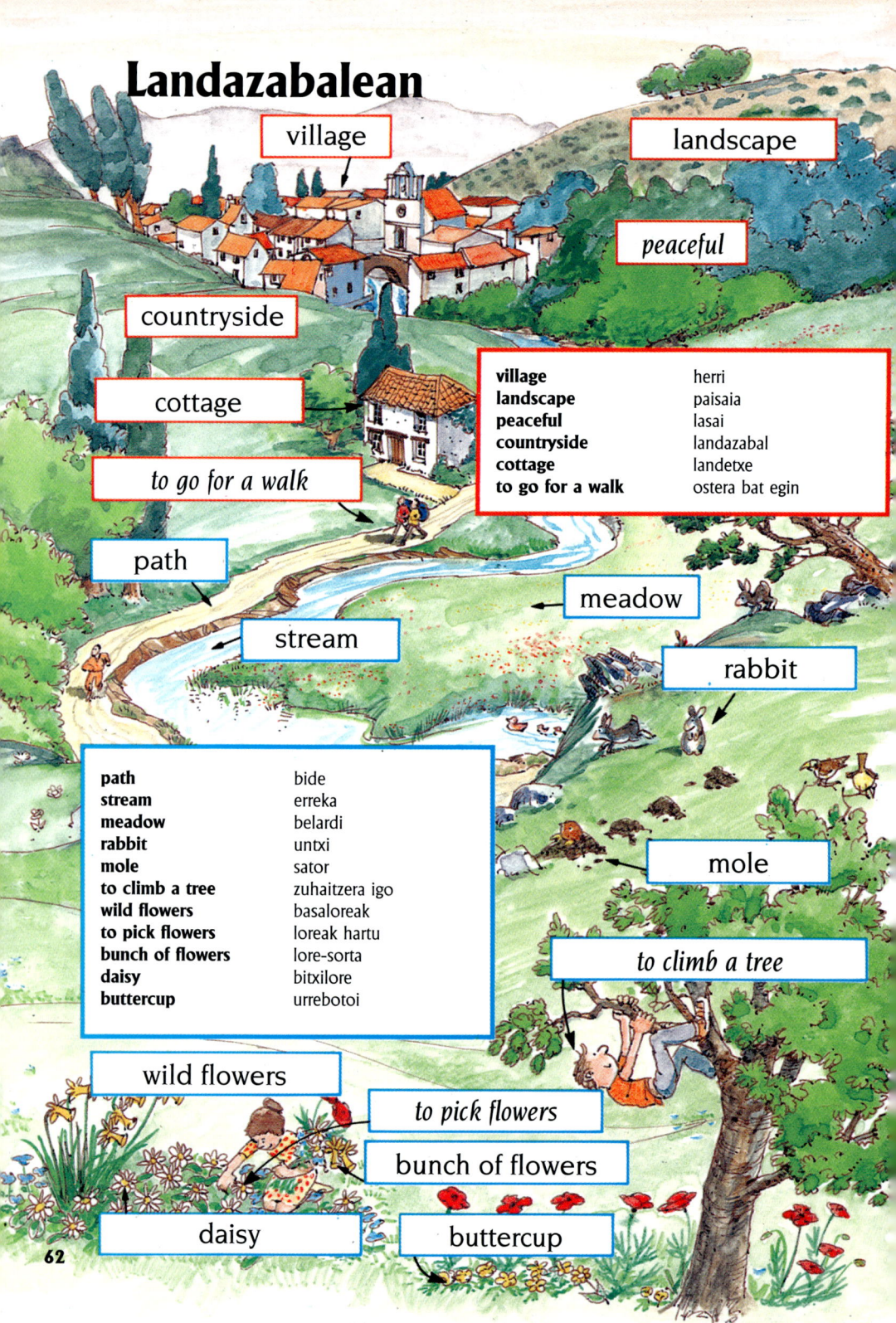

village

landscape

peaceful

countryside

cottage

to go for a walk

village	herri
landscape	paisaia
peaceful	lasai
countryside	landazabal
cottage	landetxe
to go for a walk	ostera bat egin

path

meadow

stream

rabbit

path	bide
stream	erreka
meadow	belardi
rabbit	untxi
mole	sator
to climb a tree	zuhaitzera igo
wild flowers	basaloreak
to pick flowers	loreak hartu
bunch of flowers	lore-sorta
daisy	bitxilore
buttercup	urrebotoi

mole

to climb a tree

wild flowers

to pick flowers

bunch of flowers

daisy

buttercup

wood

oak tree

fir tree

leaf

branch

owl

blackbird

squirrel

thrush

to fly

sparrow

fox

wood	baso, egur, zur
oak tree	haritz
fir tree	izei
leaf (pl.: leaves)	hosto, orri
branch	adar
owl	hontz
blackbird	zozo
squirrel	katagorri
thrush	birigarro
fox	azeri
to fly	hegan egin
sparrow	txolarre

valley

hill

bridge

slope

weeping willow

bank

river

spider

mosquito

fly

valley	haran, ibar
hill	muino
bridge	zubi
slope	aldapa, malda
weeping willow	sahats negarti
bank	ibaiertz
river	ibai
fly	euli
spider	armiarma
mosquito	eltxo

63

Baserrian

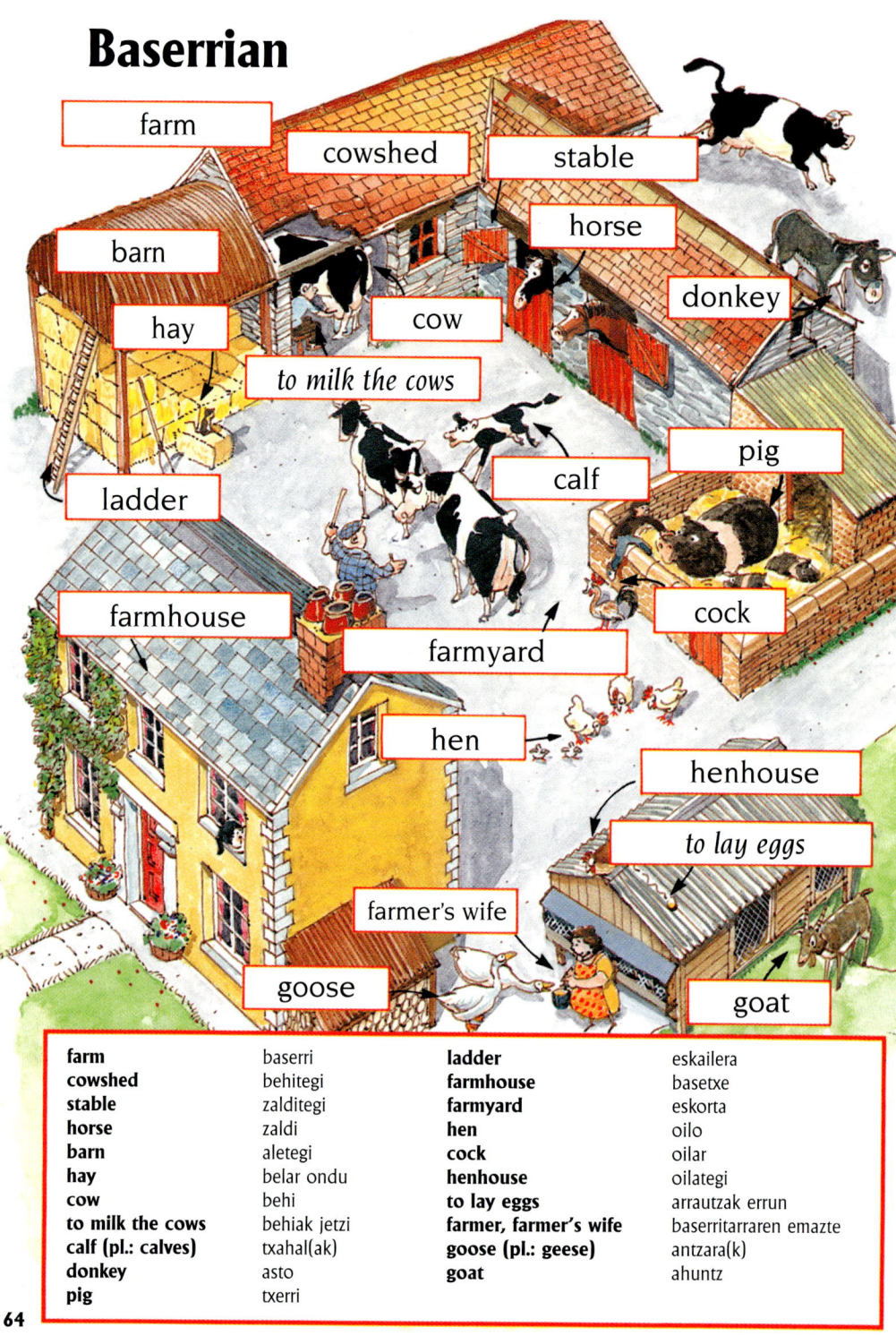

farm

cowshed

stable

horse

barn

donkey

hay

cow

to milk the cows

pig

ladder

calf

farmhouse

cock

farmyard

hen

henhouse

to lay eggs

farmer's wife

goose

goat

farm	baserri	**ladder**	eskailera
cowshed	behitegi	**farmhouse**	basetxe
stable	zalditegi	**farmyard**	eskorta
horse	zaldi	**hen**	oilo
barn	aletegi	**cock**	oilar
hay	belar ondu	**henhouse**	oilategi
cow	behi	**to lay eggs**	arrautzak errun
to milk the cows	behiak jetzi	**farmer, farmer's wife**	baserritarraren emazte
calf (pl.: calves)	txahal(ak)	**goose (pl.: geese)**	antzara(k)
donkey	asto	**goat**	ahuntz
pig	txerri		

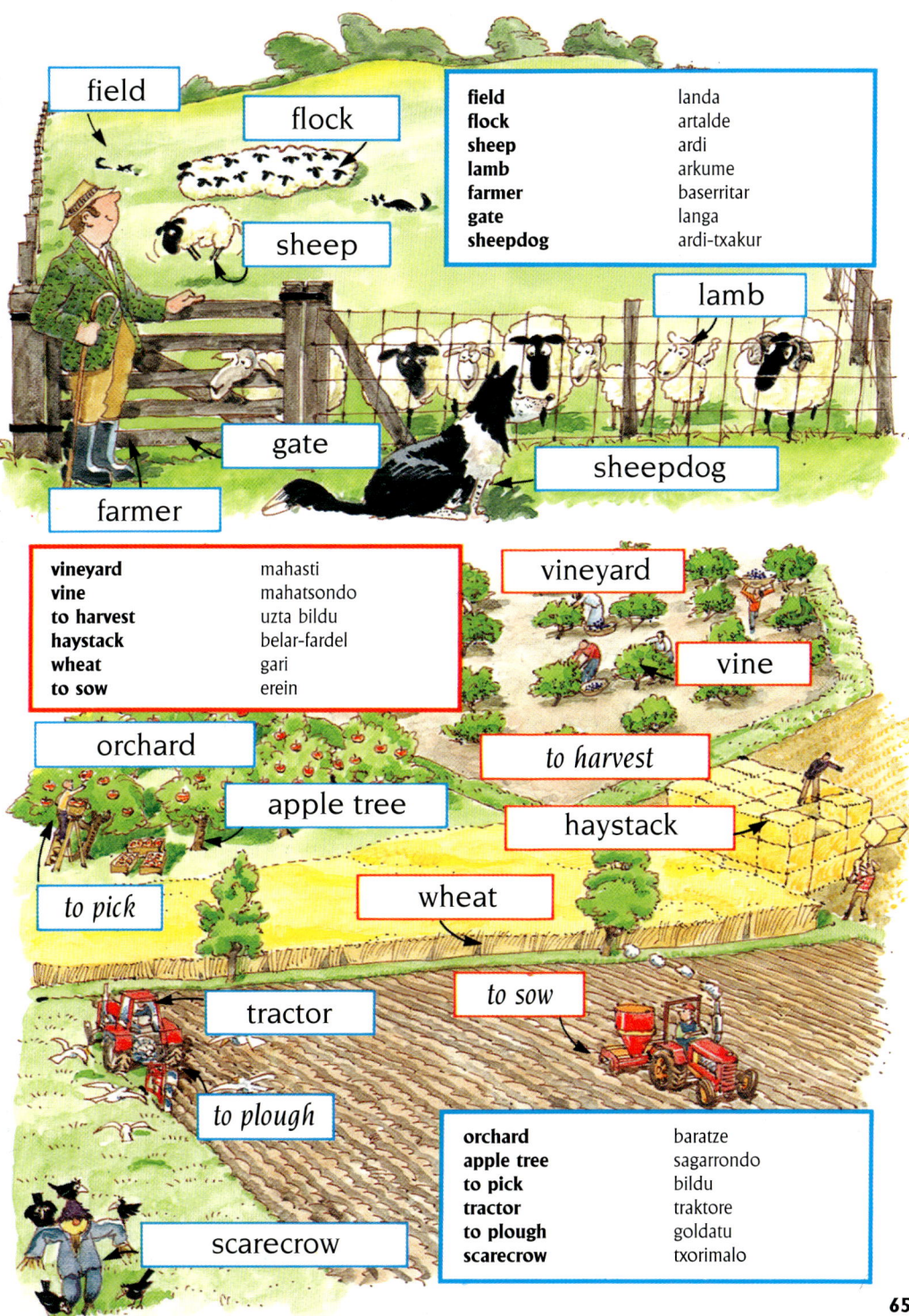

field — landa
flock — artalde
sheep — ardi
lamb — arkume
farmer — baserritar
gate — langa
sheepdog — ardi-txakur

field
flock
sheep
lamb
gate
farmer
sheepdog

vineyard — mahasti
vine — mahatsondo
to harvest — uzta bildu
haystack — belar-fardel
wheat — gari
to sow — erein

vineyard
vine
to harvest
haystack
wheat
to sow

orchard — baratze
apple tree — sagarrondo
to pick — bildu
tractor — traktore
to plough — goldatu
scarecrow — txorimalo

orchard
apple tree
to pick
tractor
to plough
scarecrow

65

Lanean

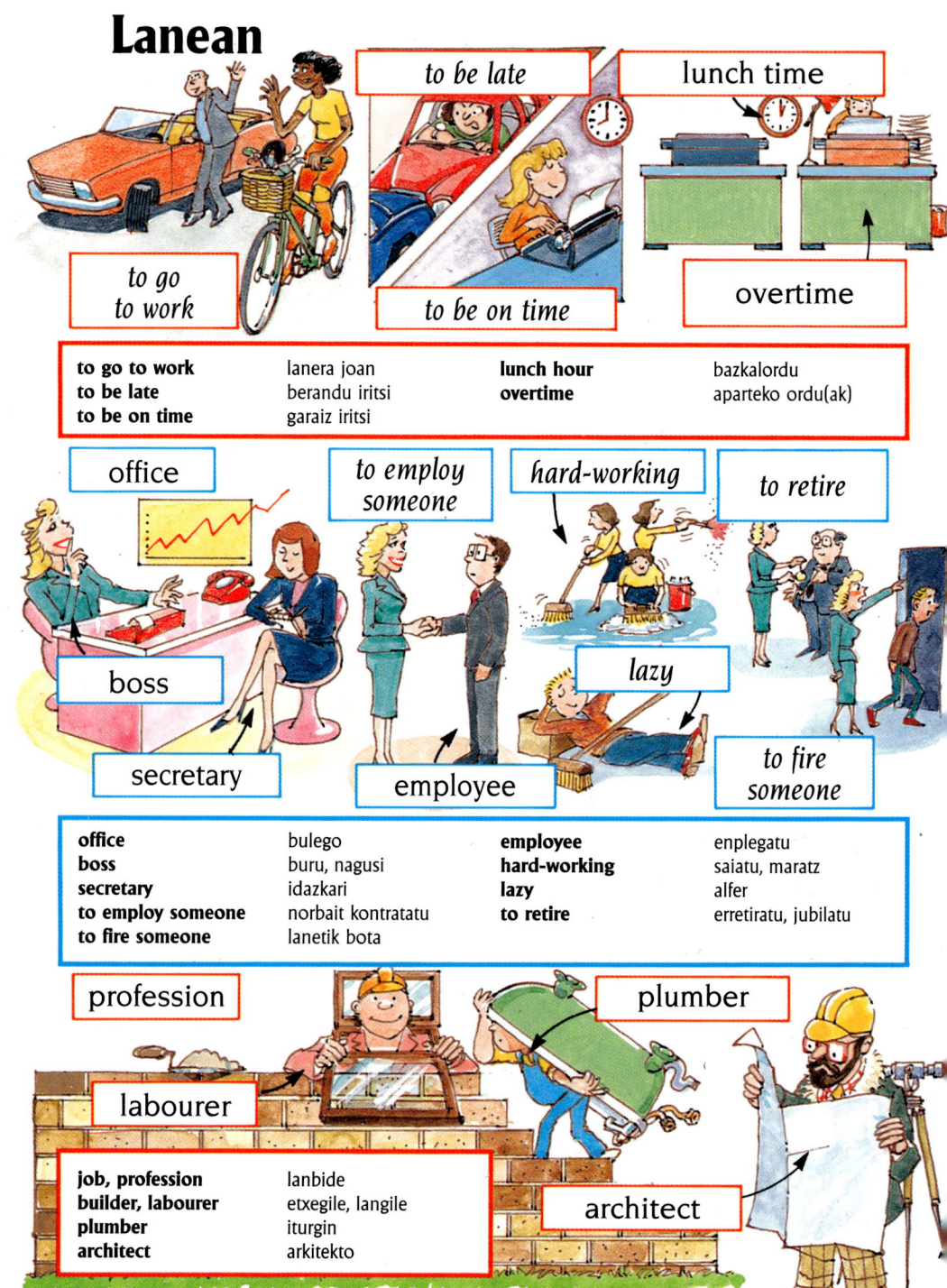

to be late

lunch time

to go to work

to be on time

overtime

to go to work	lanera joan	**lunch hour**	bazkalordu
to be late	berandu iritsi	**overtime**	aparteko ordu(ak)
to be on time	garaiz iritsi		

office

to employ someone

hard-working

to retire

boss

lazy

secretary

employee

to fire someone

office	bulego	**employee**	enplegatu
boss	buru, nagusi	**hard-working**	saiatu, maratz
secretary	idazkari	**lazy**	alfer
to employ someone	norbait kontratatu	**to retire**	erretiratu, jubilatu
to fire someone	lanetik bota		

profession

plumber

labourer

architect

job, profession	lanbide
builder, labourer	etxegile, langile
plumber	iturgin
architect	arkitekto

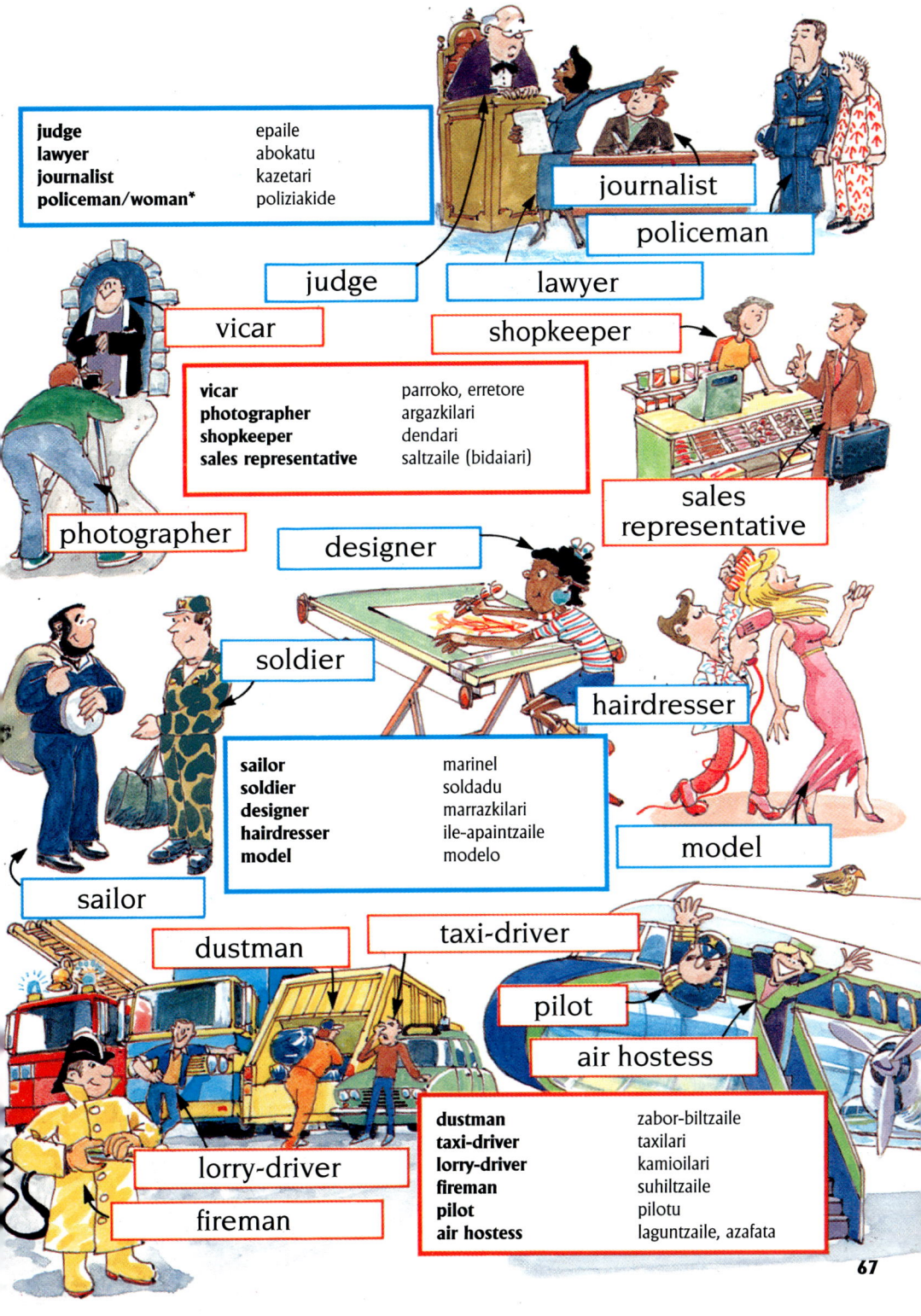

judge	epaile
lawyer	abokatu
journalist	kazetari
policeman/woman*	poliziakide

journalist

policeman

judge

lawyer

vicar

shopkeeper

vicar	parroko, erretore
photographer	argazkilari
shopkeeper	dendari
sales representative	saltzaile (bidaiari)

photographer

designer

sales representative

soldier

hairdresser

sailor	marinel
soldier	soldadu
designer	marrazkilari
hairdresser	ile-apaintzaile
model	modelo

model

sailor

dustman

taxi-driver

pilot

air hostess

lorry-driver

fireman

dustman	zabor-biltzaile
taxi-driver	taxilari
lorry-driver	kamioilari
fireman	suhiltzaile
pilot	pilotu
air hostess	laguntzaile, azafata

Osasun-arazoak

to feel ill

to take someone's temperature

thermometer

to have a temperature

doctor

prescription

to feel better

to cure

pill

healthy

to feel ill	gaixo sentitu	**doctor**	mediku, sendagile
to take someone's		**prescription**	errezeta
temperature	tenperatura hartu	**to cure**	sendatu, osatu
thermometer	termometro	**pill**	pastilla, pilula
to have a temperature	sukarra izan	**to feel better**	hobeto sentitu
healthy	osasuntsu		

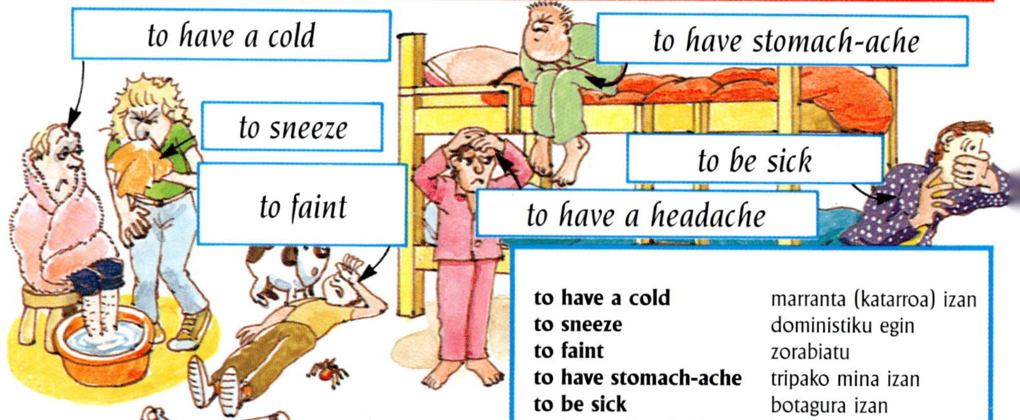

to have a cold

to have stomach-ache

to sneeze

to be sick

to faint

to have a headache

to have a cold	marranta (katarroa) izan
to sneeze	doministiku egin
to faint	zorabiatu
to have stomach-ache	tripako mina izan
to be sick	botagura izan
to have a headache	buruko mina izan

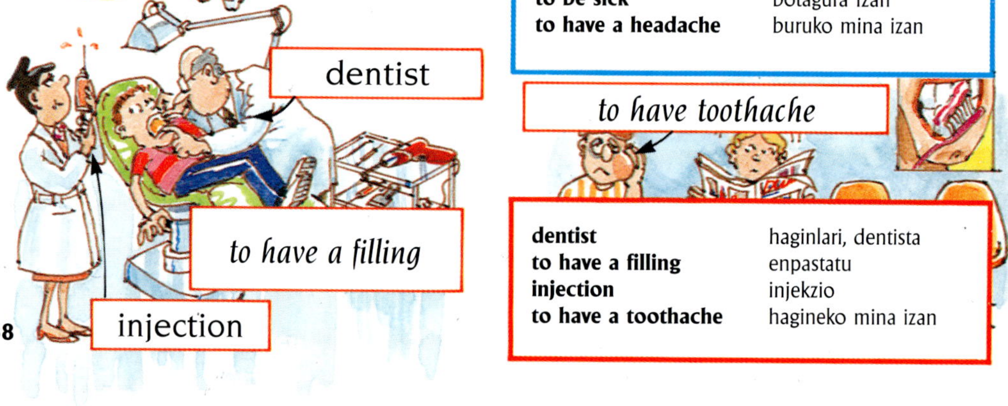

dentist

to have toothache

to have a filling

injection

dentist	haginlari, dentista
to have a filling	enpastatu
injection	injekzio
to have a toothache	hagineko mina izan

hospital	ospitale	**burn**	erredura
casualty department	larrialdiak	**to sprain your wrist**	eskumuturra bihurritu
to break your leg	hanka hautsi	**sticking plaster**	esparatrapu
bruise	ubeldura	**bandage**	bendak, loturak
cut, wound	ebaki, zauri		

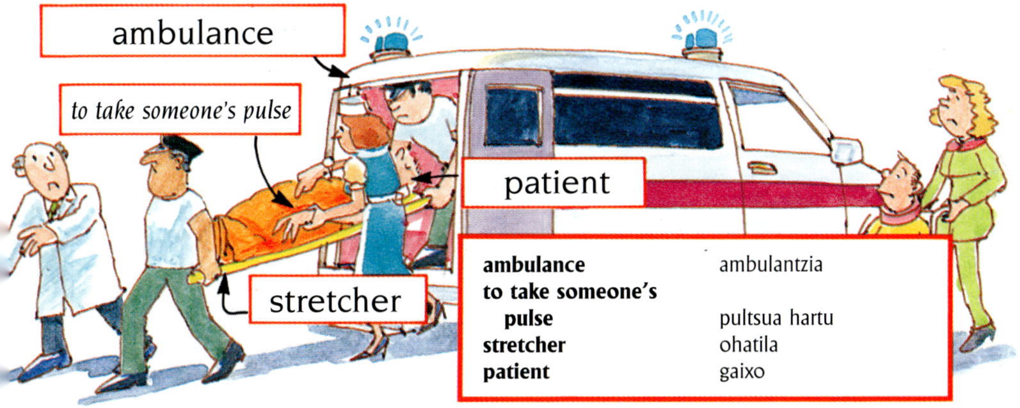

ambulance

to take someone's pulse

patient

stretcher

ambulance	ambulantzia
to take someone's pulse	pultsua hartu
stretcher	ohatila
patient	gaixo

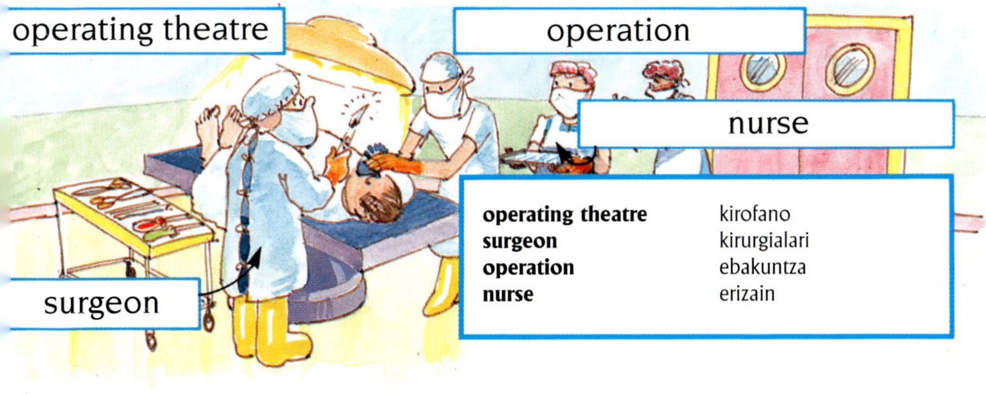

operating theatre

operation

nurse

surgeon

operating theatre	kirofano
surgeon	kirurgialari
operation	ebakuntza
nurse	erizain

Ikastetxea eta hezkuntza

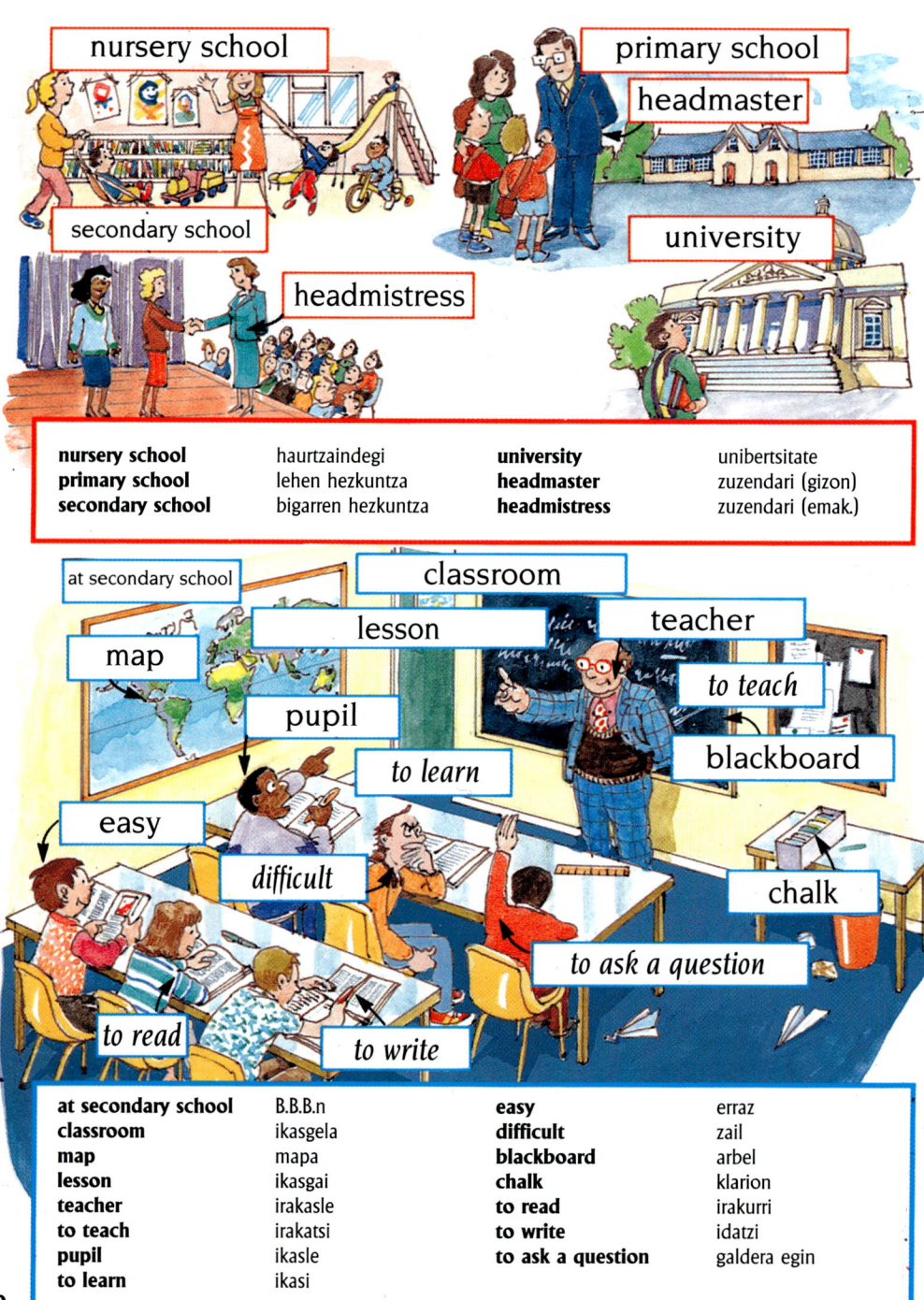

nursery school

primary school

headmaster

secondary school

university

headmistress

nursery school	haurtzaindegi	university	unibertsitate
primary school	lehen hezkuntza	headmaster	zuzendari (gizon)
secondary school	bigarren hezkuntza	headmistress	zuzendari (emak.)

at secondary school

classroom

lesson

teacher

map

to teach

pupil

blackboard

to learn

easy

difficult

chalk

to ask a question

to read

to write

at secondary school	B.B.B.n	easy	erraz
classroom	ikasgela	difficult	zail
map	mapa	blackboard	arbel
lesson	ikasgai	chalk	klarion
teacher	irakasle	to read	irakurri
to teach	irakatsi	to write	idatzi
pupil	ikasle	to ask a question	galdera egin
to learn	ikasi		

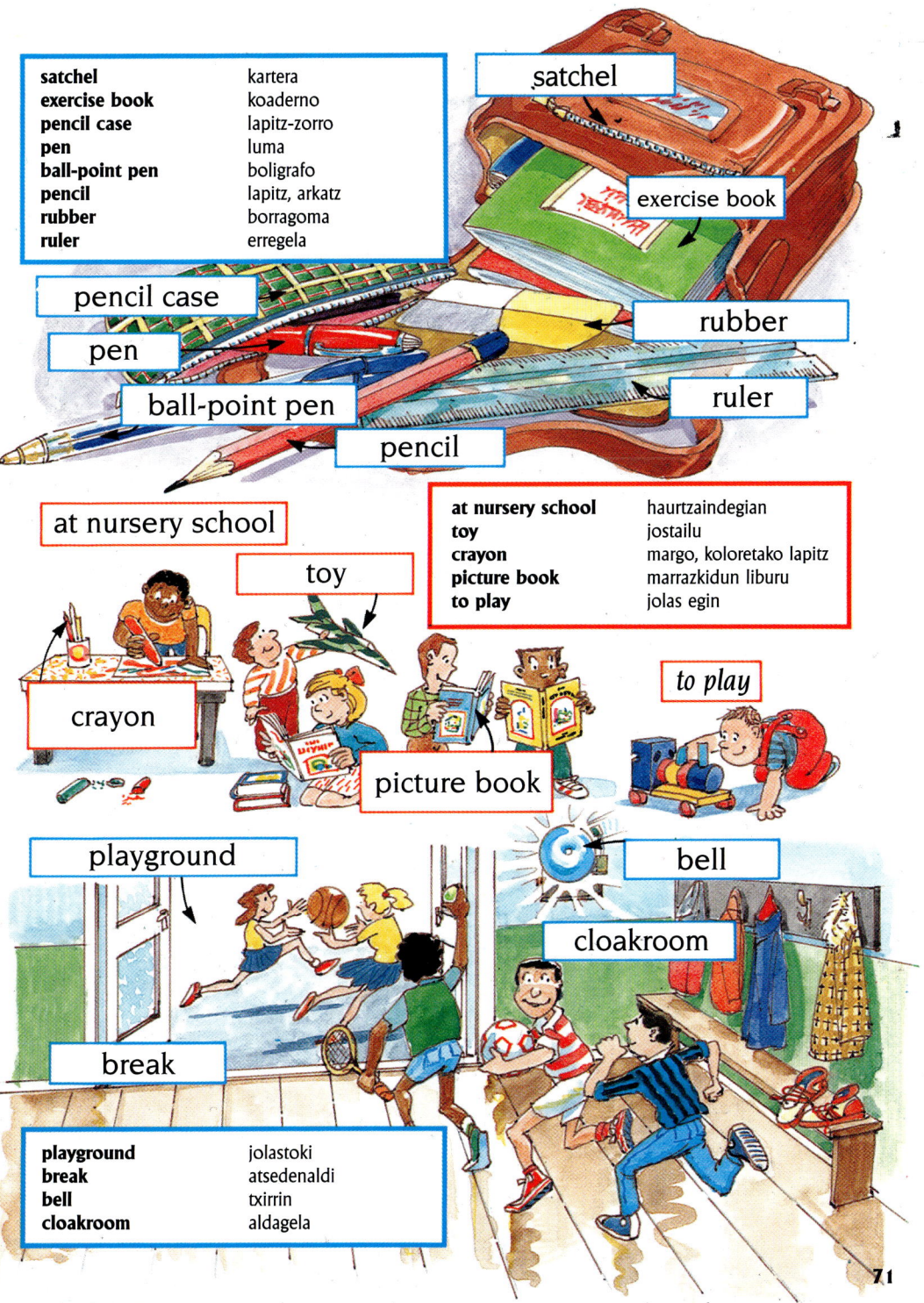

satchel	kartera
exercise book	koaderno
pencil case	lapitz-zorro
pen	luma
ball-point pen	boligrafo
pencil	lapitz, arkatz
rubber	borragoma
ruler	erregela

satchel

exercise book

pencil case

pen

rubber

ruler

ball-point pen

pencil

at nursery school

at nursery school	haurtzaindegian
toy	jostailu
crayon	margo, koloretako lapitz
picture book	marrazkidun liburu
to play	jolas egin

toy

crayon

to play

picture book

playground

bell

cloakroom

break

playground	jolastoki
break	atsedenaldi
bell	txirrin
cloakroom	aldagela

Ikastetxea eta hezkuntza

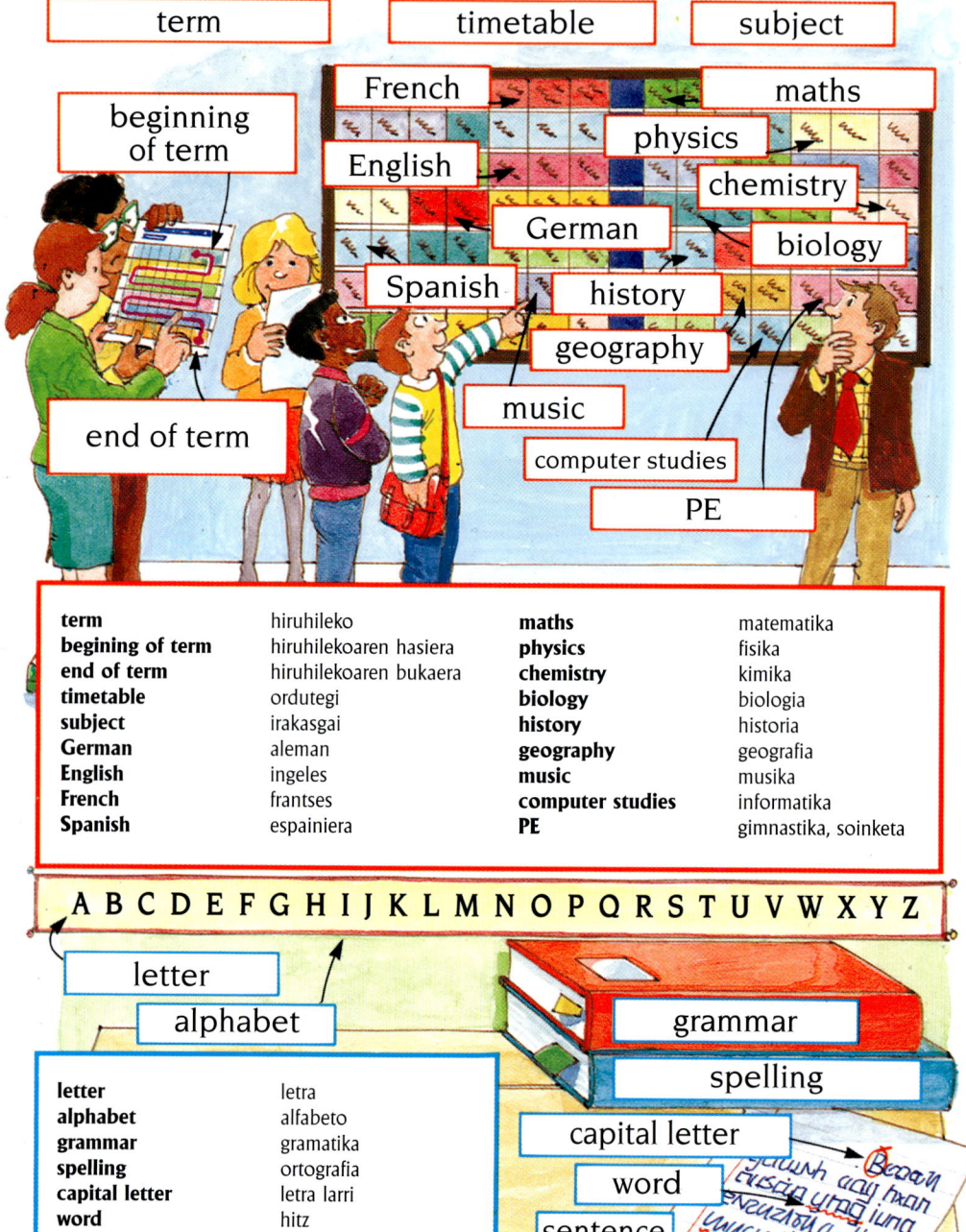

term

timetable

subject

French

maths

beginning of term

physics

English

chemistry

German

biology

Spanish

history

geography

music

end of term

computer studies

PE

term	hiruhileko	maths	matematika
begining of term	hiruhilekoaren hasiera	physics	fisika
end of term	hiruhilekoaren bukaera	chemistry	kimika
timetable	ordutegi	biology	biologia
subject	irakasgai	history	historia
German	aleman	geography	geografia
English	ingeles	music	musika
French	frantses	computer studies	informatika
Spanish	espainiera	PE	gimnastika, soinketa

A B C D E F G H I J K L M N O P Q R S T U V W X Y Z

letter

alphabet

grammar

spelling

capital letter

word

sentence

full stop

letter	letra
alphabet	alfabeto
grammar	gramatika
spelling	ortografia
capital letter	letra larri
word	hitz
sentence	esaldi, perpaus
full stop	puntu

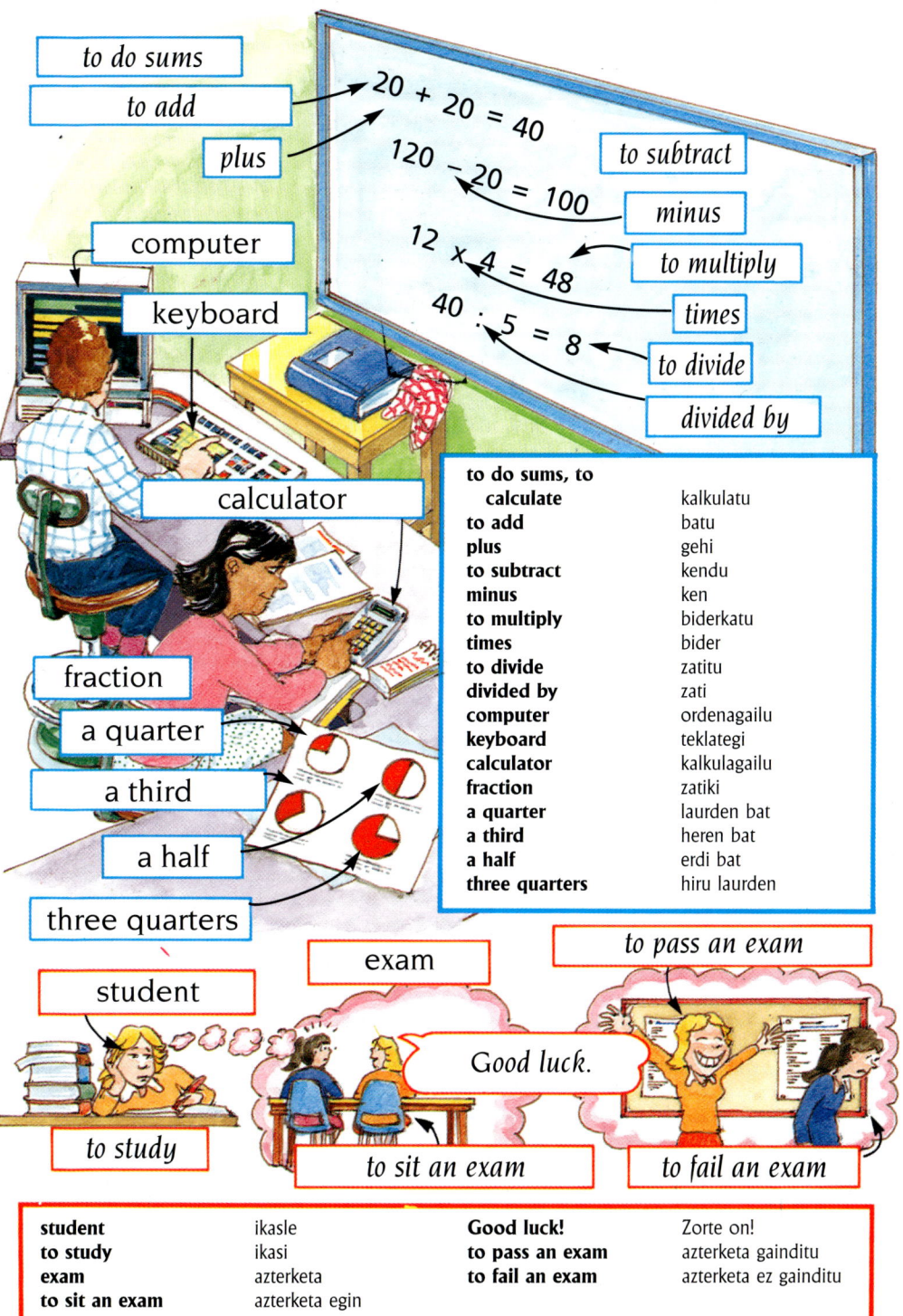

to do sums

to add

plus

$20 + 20 = 40$

to subtract

minus

$120 - 20 = 100$

$12 \times 4 = 48$

to multiply

times

$40 : 5 = 8$

to divide

divided by

computer

keyboard

calculator

fraction

a quarter

a third

a half

three quarters

to do sums, to calculate	kalkulatu
to add	batu
plus	gehi
to subtract	kendu
minus	ken
to multiply	biderkatu
times	bider
to divide	zatitu
divided by	zati
computer	ordenagailu
keyboard	teklategi
calculator	kalkulagailu
fraction	zatiki
a quarter	laurden bat
a third	heren bat
a half	erdi bat
three quarters	hiru laurden

exam

to pass an exam

student

Good luck.

to study

to sit an exam

to fail an exam

student	ikasle	Good luck!	Zorte on!
to study	ikasi	to pass an exam	azterketa gainditu
exam	azterketa	to fail an exam	azterketa ez gainditu
to sit an exam	azterketa egin		

Formak eta tamainak

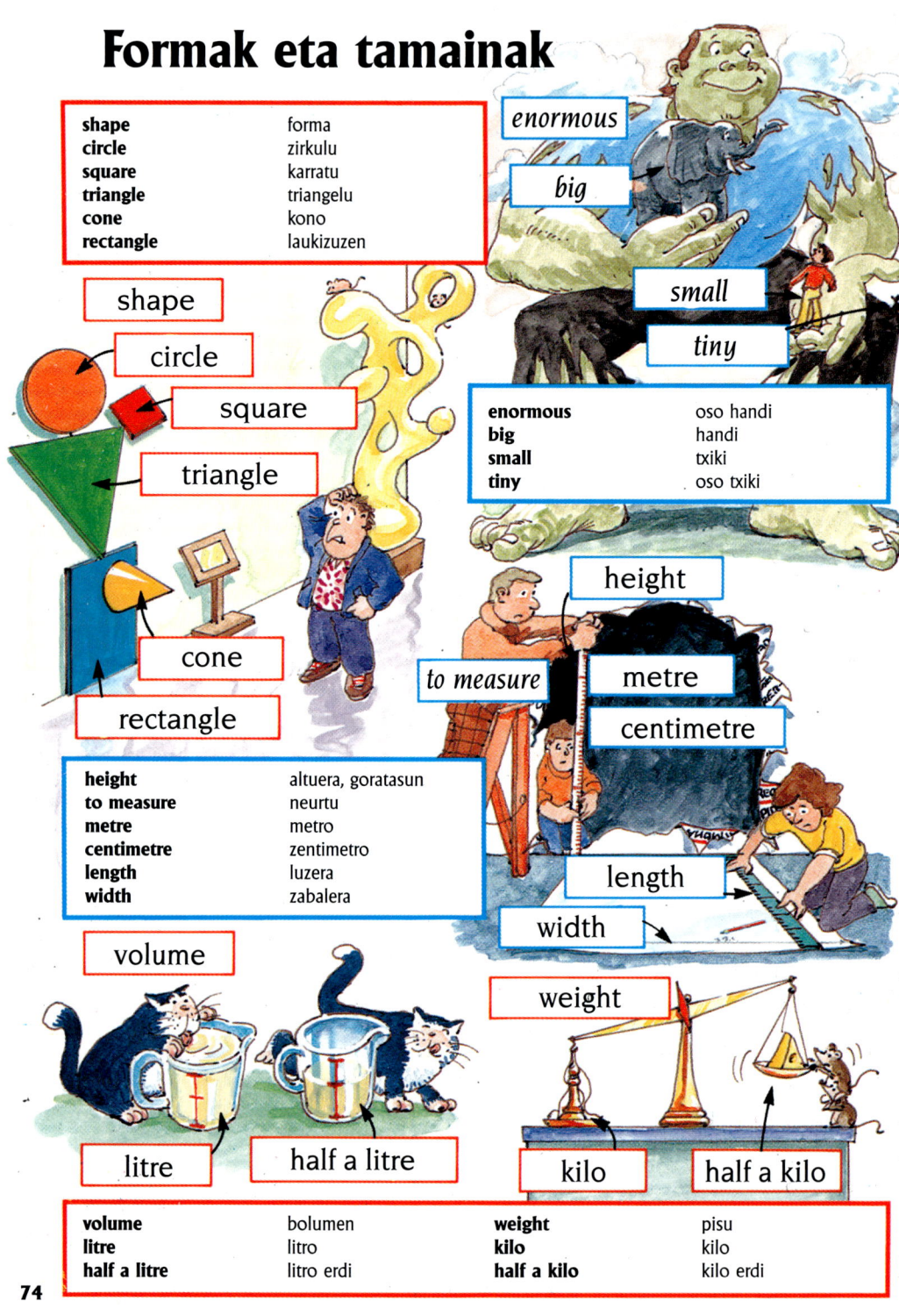

shape	forma
circle	zirkulu
square	karratu
triangle	triangelu
cone	kono
rectangle	laukizuzen

enormous

big

small

tiny

shape

circle

square

triangle

enormous	oso handi
big	handi
small	txiki
tiny	oso txiki

cone

rectangle

height

to measure

metre

centimetre

height	altuera, goratasun
to measure	neurtu
metre	metro
centimetre	zentimetro
length	luzera
width	zabalera

length

width

volume

weight

litre

half a litre

kilo

half a kilo

volume	bolumen		**weight**	pisu
litre	litro		**kilo**	kilo
half a litre	litro erdi		**half a kilo**	kilo erdi

Zenbakiak

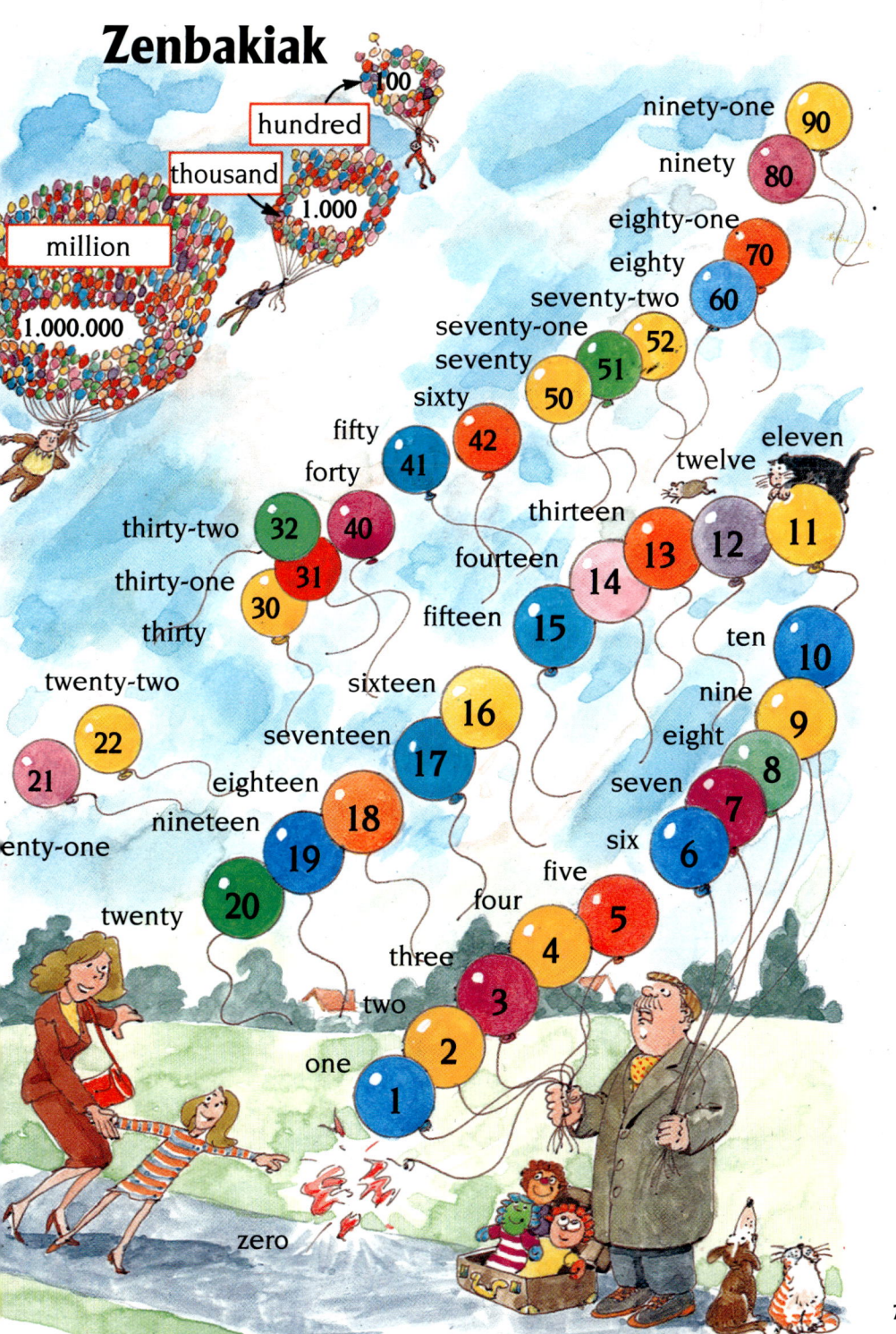

100 — hundred
1.000 — thousand
1.000.000 — million

ninety-one — 90
ninety — 80
eighty-one — 70
eighty — 60
seventy-two — 52
seventy-one — 51
seventy — 50
sixty — 42
fifty — 41
forty — 40
thirty-two — 32
thirty-one — 31
thirty — 30
twenty-two — 22
twenty-one — 21
twenty — 20

eleven — 11
twelve — 12
thirteen — 13
fourteen — 14
fifteen — 15
sixteen — 16
seventeen — 17
eighteen — 18
nineteen — 19

ten — 10
nine — 9
eight — 8
seven — 7
six — 6
five — 5
four — 4
three — 3
two — 2
one — 1

zero

Kirolak

to be fit

to jog

headband

to exercise

tennis shoes

tracksuit

to be fit	sasoian egon	**headband**	buruko zinta
to exercise	ariketa egin	**tennis shoes**	teniseko oinetakoak
to jog	footing egin	**tracksuit**	txandal

to play tennis

to play golf

golf club

tennis court

to play squash

player

In.

to serve

Out.

net

ball

racket

to play tennis	tenisean jokatu	**net**	sare
tennis court	tenis-pista	**ball**	pilota
player	jokalari	**racket**	erraketa
to serve	atera	**to play golf**	golfean jokatu
In.	Barruan.	**golf club**	golf-elkarte
Out.	Kanpoan.	**to play squash**	squash-ean jokatu

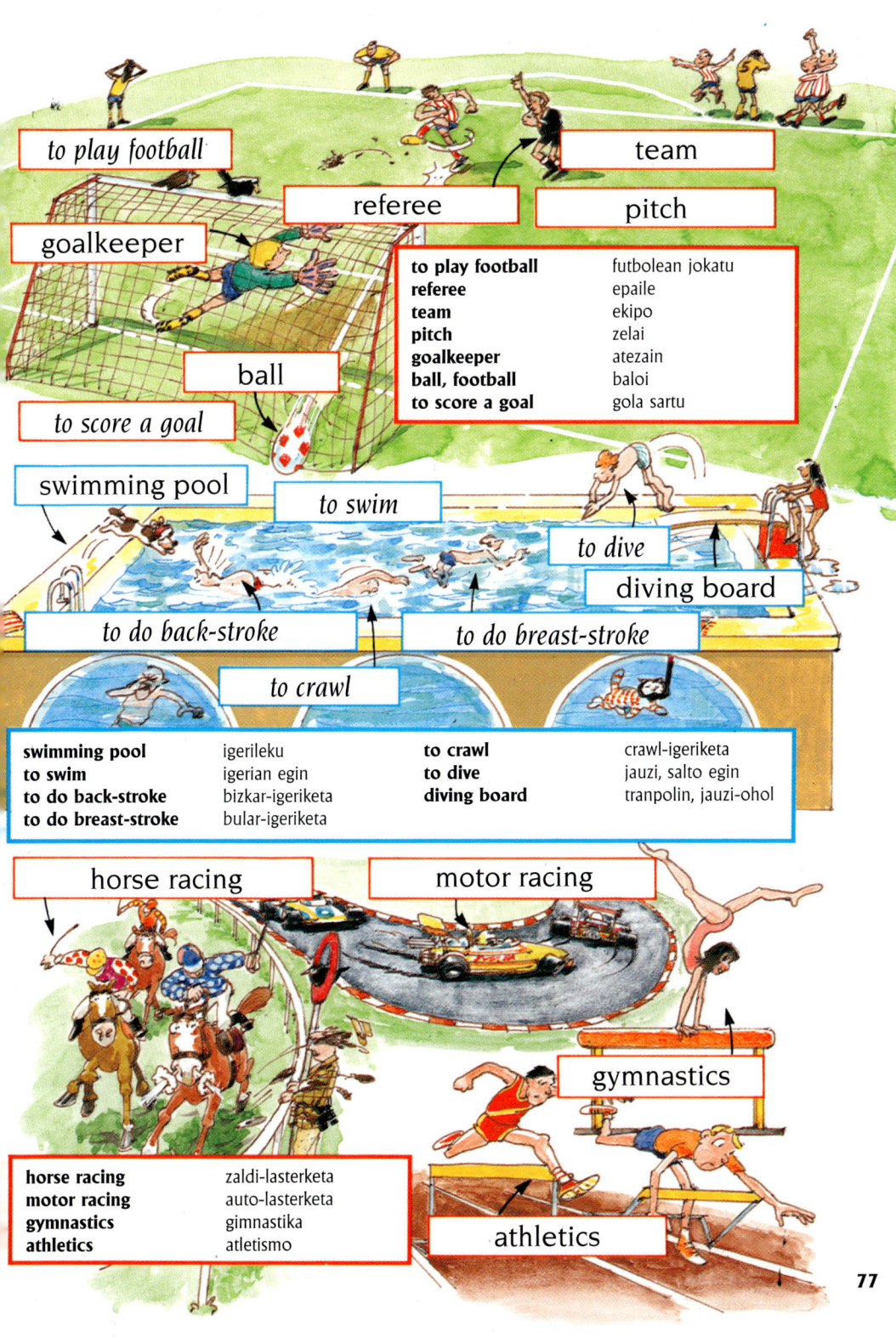

to play football

team

referee

pitch

goalkeeper

ball

to score a goal

to play football	futbolean jokatu
referee	epaile
team	ekipo
pitch	zelai
goalkeeper	atezain
ball, football	baloi
to score a goal	gola sartu

swimming pool

to swim

to dive

diving board

to do back-stroke

to do breast-stroke

to crawl

swimming pool	igerileku	to crawl	crawl-igeriketa
to swim	igerian egin	to dive	jauzi, salto egin
to do back-stroke	bizkar-igeriketa	diving board	tranpolin, jauzi-ohol
to do breast-stroke	bular-igeriketa		

horse racing

motor racing

gymnastics

athletics

horse racing	zaldi-lasterketa
motor racing	auto-lasterketa
gymnastics	gimnastika
athletics	atletismo

77

Jaiak

birthday	urtebetetze-egun
party	jaialdi, festa
balloon	puxika
Happy Birthday.	Zorionak (urtebet.).
to invite	gonbidatu
to have fun, to enjoy	
yourself	ongi pasa, gozatu
cake	tarta
candle	kandela
birthday card	postal (urtebet.)
present	opari
wrapping	biltzeko paper

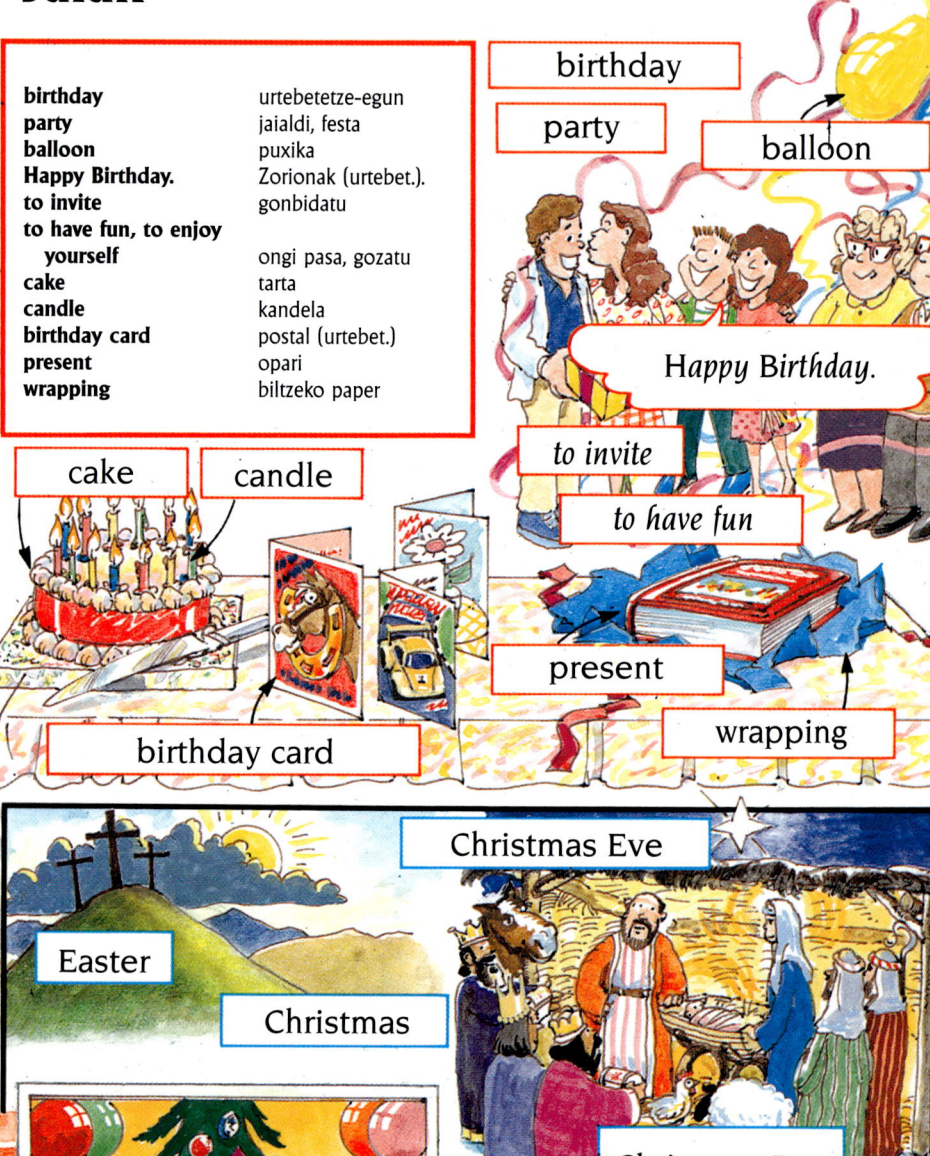

birthday

party

balloon

Happy Birthday.

to invite

to have fun

cake

candle

present

wrapping

birthday card

Christmas Eve

Easter

Christmas

Christmas Day

Christmas tree

Easter	Aste Santu
Christmas	Gabonak
Christmas Eve	Gabon-gau
Christmas Day	Eguberri-egun
Christmas tree	Gabon-zuhaitz

to get engaged

wedding

to get married

bridegroom

bride

guest

to congratulate

bouquet

to be happy

honeymoon

to get engaged	ezkon-hitza eman
wedding	ezkontza
to get married	ezkondu
bridegroom	senargai
bride	emaztegai
guest	gonbidatu
to congratulate	zoriondu
bouquet	lore-sorta
to be happy	zoriontsu izan
honeymoon	eztei-bidaia

Happy Christmas.

Christmas carol

Happy Christmas.	Eguberri zoriontsu.
Christmas carol	Gabon-kanta
to give (a present)	opari bat eman
Thank you very much..	Eskerrik asko.
to thank	eskertu

to give

to receive

Thank you very much.

to thank

New Year's Eve

New Year's Day

to celebrate

New Year's Eve	Urtezahar-egun
New Year's Day	Urteberri-egun
to celebrate	ospatu
Happy New Year.	Urte Berri zoriontsu.

Happy New Year.

Egunak eta datak

calendar

month

year

January
February
March
April
May
June
July
August
September
October
November
December

Monday
Tuesday
Wednesday
Thursday
Friday
Saturday
Sunday

day

week

week-end

calendar	egutegi
month	hil, hilabete
January	urtarril
February	otsail
March	martxo
April	apiril
May	maiatz
June	ekain
July	uztail
August	abuztu
September	irail
October	urri
November	azaro
December	abendu
year	urte
day	egun
week	aste
week-end	asteburu
Monday	astelehen
Tuesday	astearte
Wednesday	asteazken
Thursday	ostegun
Friday	ostiral
Saturday	larunbat
Sunday	igande

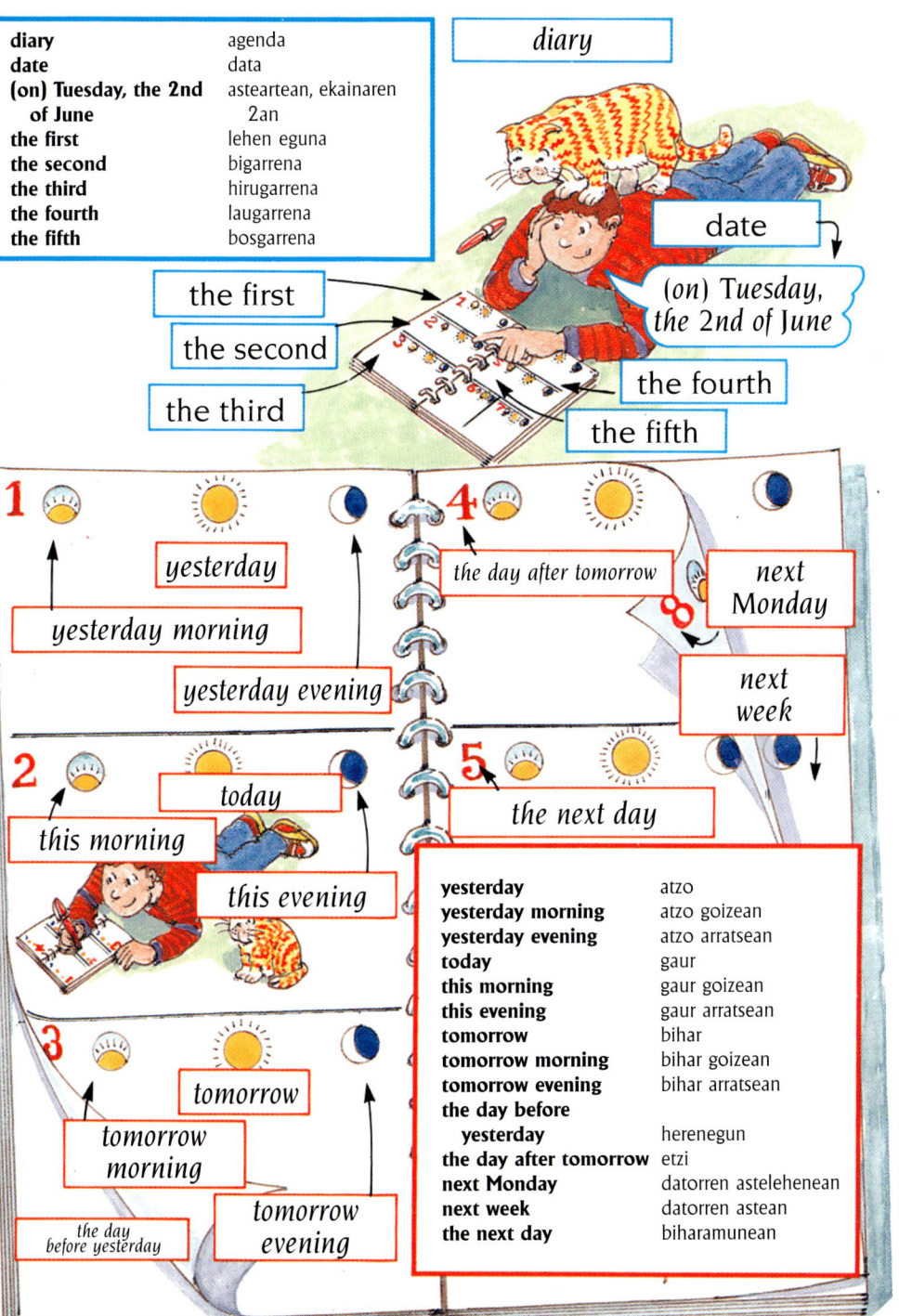

diary	agenda
date	data
(on) Tuesday, the 2nd of June	asteartean, ekainaren 2an
the first	lehen eguna
the second	bigarrena
the third	hirugarrena
the fourth	laugarrena
the fifth	bosgarrena

diary

date

(on) Tuesday, the 2nd of June

the first
the second
the third
the fourth
the fifth

1 yesterday
yesterday morning
yesterday evening

2 today
this morning
this evening

3 tomorrow
tomorrow morning
tomorrow evening
the day before yesterday

4 the day after tomorrow
next Monday
next week

5 the next day

yesterday	atzo
yesterday morning	atzo goizean
yesterday evening	atzo arratsean
today	gaur
this morning	gaur goizean
this evening	gaur arratsean
tomorrow	bihar
tomorrow morning	bihar goizean
tomorrow evening	bihar arratsean
the day before yesterday	herenegun
the day after tomorrow	etzi
next Monday	datorren astelehenean
next week	datorren astean
the next day	biharamunean

Ordua

dawn

sunrise

It is getting light.

morning

sun

sky

It is light.

day

dawn	egunsenti	**sun**	eguzki
sunrise	eguzki-irteera	**sky**	zeru
It is getting light.	Eguna argitzen ari du.	**It is light.**	Egun-argia da.
(in the) morning	goiz(ez)	**day, in the daytime**	egun(ez)

afternoon

evening

sunset

It is getting dark.

night

stars

moon

It is dark.

(in the) afternoon	arratsalde(z)	**(at) night**	gau(ez)
(in the) evening	arrats(ez), illuntze(an)	**stars**	izarrak
sunset	eguzki-sarrera	**moon**	ilargi
It is getting dark.	Iluntzen ari du.	**It is dark.**	Ilun dago.

| minute | | hour |
| second | | |

What time is it?

It is 1 o'clock.

It is 3 o'clock.

| midday | | midnight |

| 9:45 | 10:05 |
| a quarter to ten | five past ten |

| 10:15 | 10:30 |
| a quarter past ten | half past ten |

| 8 a.m. | 8 p.m. |

What time is it?	Zer ordu da?	midnight	gauerdi
hour	ordu	a quarter to ten	hamarrak laurden gutxi
minute	minutu	five past ten	hamarrak eta bost
second	segundu	a quarter past ten	hamarrak eta laurden
It is 1 o'clock.	Ordu bata da.	half past ten	hamar eta erdiak
It is 3 o'clock.	Hirurak dira.	8 a.m.	goizeko 8ak
midday	eguerdi	8 p.m.	arratsaldeko 8ak

time	
future	
past	present
in the future	
in the past	nowadays

time	denbora, ordu	in the past	iraganean
past	iragan	in the future	etorkizunean
future	etorkizun	now, nowadays	orain, gaur egun
present	orainaldi		

83

Eguraldia eta urtaroak

season	urtaro
spring	udaberri
summer	uda
autumn	udazken
winter	negu

season

spring

weather

It's raining.

winter

rain

thunderstorm

cloud

autumn

summer

lightning

thunder

rainbow

umbrella

wellington boots

soaked to the skin

puddle

raindrop

hail

flood

weather	eguraldi
It's raining.	Euria ari du.
rain	euri
thunderstorm	ekaitz, trumoi-eraso
cloud	hodei
lightning	tximista, oinaztargi
thunder	trumoi
umbrella	euritako
rainbow	ortzadar
wellington boots	katiuskak
soaked to the skin	blai eginda
puddle	potxingo
raindrop	euri-tanta
hail	kazkabar, txingor
flood	uholde

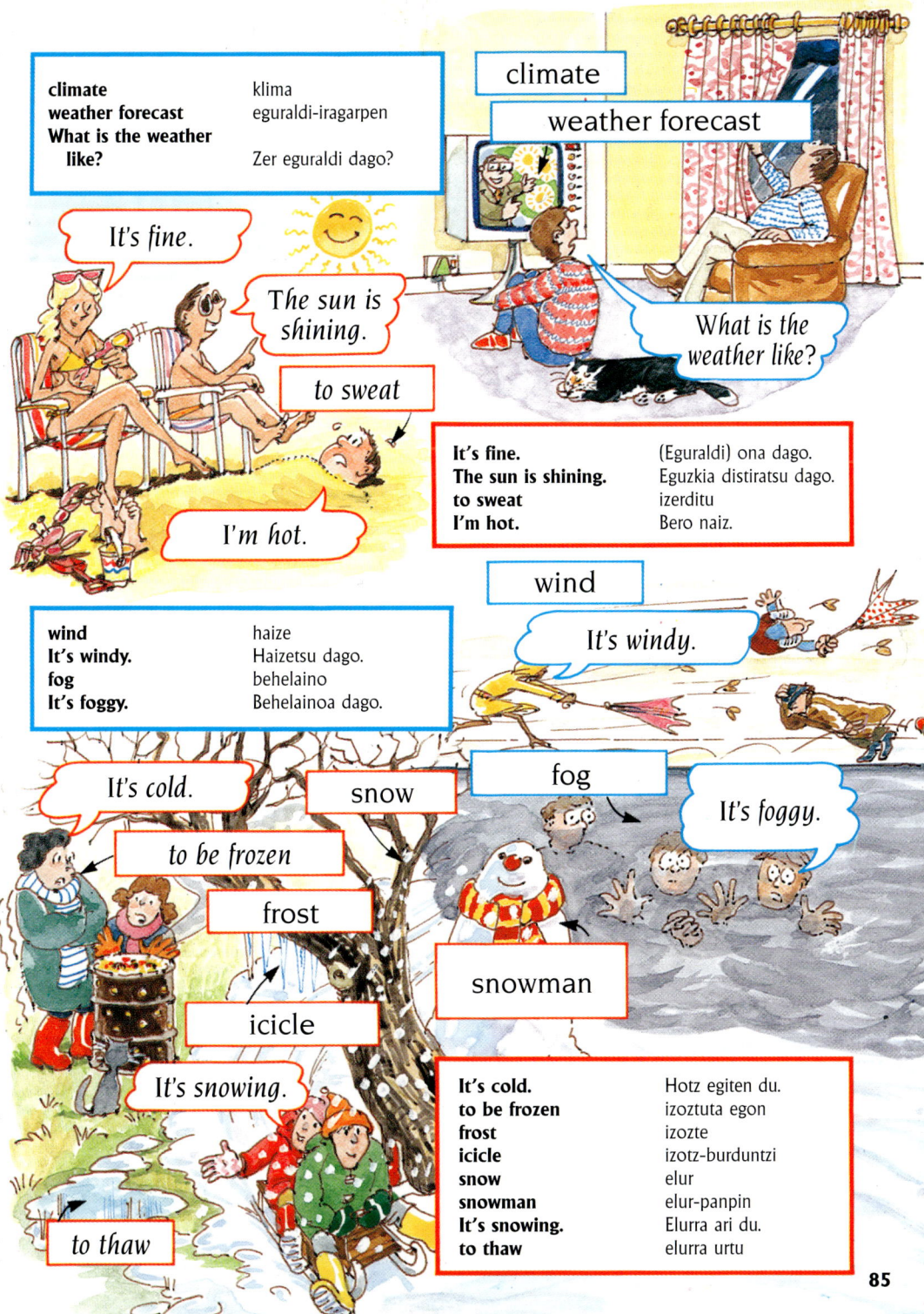

climate	klima
weather forecast	eguraldi-iragarpen
What is the weather like?	Zer eguraldi dago?

climate

weather forecast

It's fine.

The sun is shining.

to sweat

I'm hot.

What is the weather like?

It's fine.	(Eguraldi) ona dago.
The sun is shining.	Eguzkia distiratsu dago.
to sweat	izerditu
I'm hot.	Bero naiz.

wind

wind	haize
It's windy.	Haizetsu dago.
fog	behelaino
It's foggy.	Behelainoa dago.

It's windy.

fog

It's cold.

snow

It's foggy.

to be frozen

frost

snowman

icicle

It's snowing.

to thaw

It's cold.	Hotz egiten du.
to be frozen	izoztuta egon
frost	izozte
icicle	izotz-burduntzi
snow	elur
snowman	elur-panpin
It's snowing.	Elurra ari du.
to thaw	elurra urtu

85

Lurra eta unibertsoa

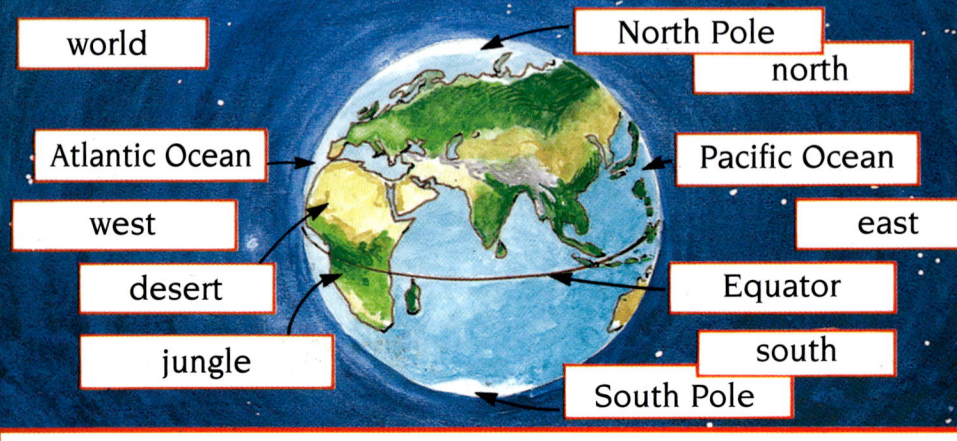

world

North Pole

north

Atlantic Ocean

Pacific Ocean

west

east

desert

Equator

jungle

south

South Pole

world	mundu	**north**	ipar(ralde)
Atlantic Ocean	Ozeano Atlantikoa	**Pacific Ocean**	Ozeano Barea
west	mendebal(de)	**east**	eki(alde)
desert	basamortu	**Equator**	ekuatore
jungle	oihan	**south**	hego(alde)
North Pole	Ipar poloa, Iparburua	**South Pole**	Hego poloa, Hegoburua

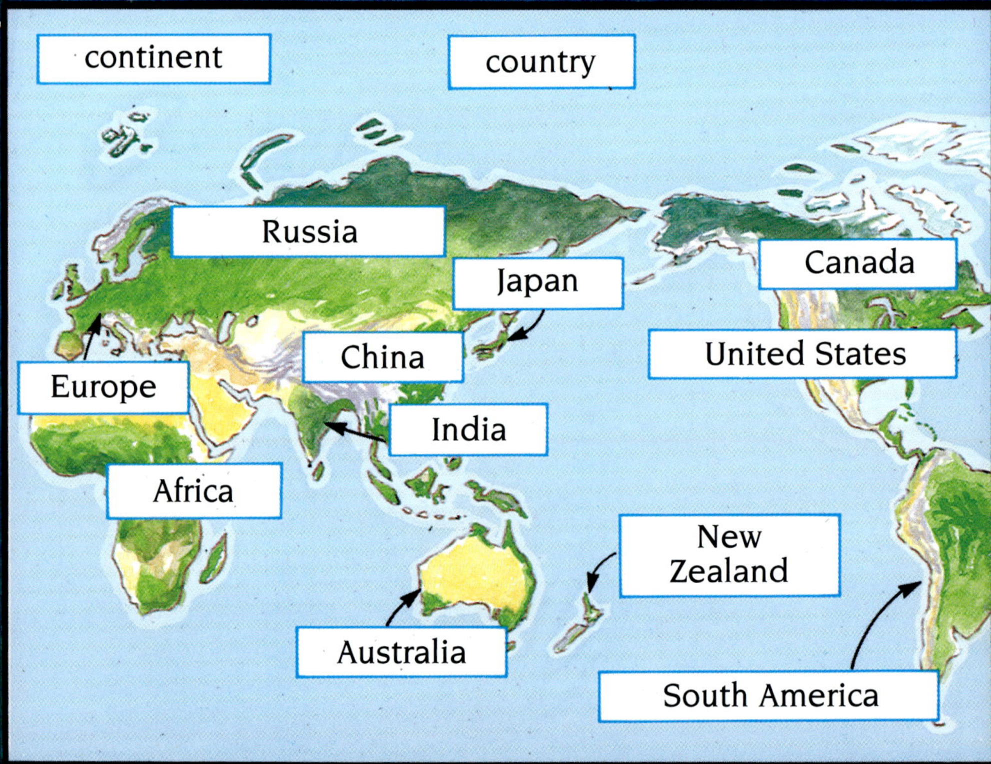

continent

country

Russia

Japan

Canada

China

United States

Europe

India

Africa

New Zealand

Australia

South America

universe

space

star

planet

spaceship

galaxy

universe	unibertso
space	espazio
planet	planeta
star	izar
spaceship	espaziontzi
galaxy	galaxia
telescope	teleskopio

telescope

continent	kontinente
country	herrialde
Russia	Errusia
Europe	Europa
Africa	Afrika
Japan	Japonia
China	Txina
India	India
Australia	Australia
New Zealand	Zelanda Berria
Canada	Kanada
United States	Estatu Batuak
South America	Hego Amerika

Scandinavia	Eskandinavia
Great Britain	Britainia Handia
Netherlands	Herbehereak
Belgium	Belgika
Germany	Alemania
France	Frantzia
Switzerland	Suitza
Italy	Italia
Spain	Espainia

Scandinavia

Great Britain

Netherlands

Belgium

Germany

France

Switzerland

Italy

Spain

Politika

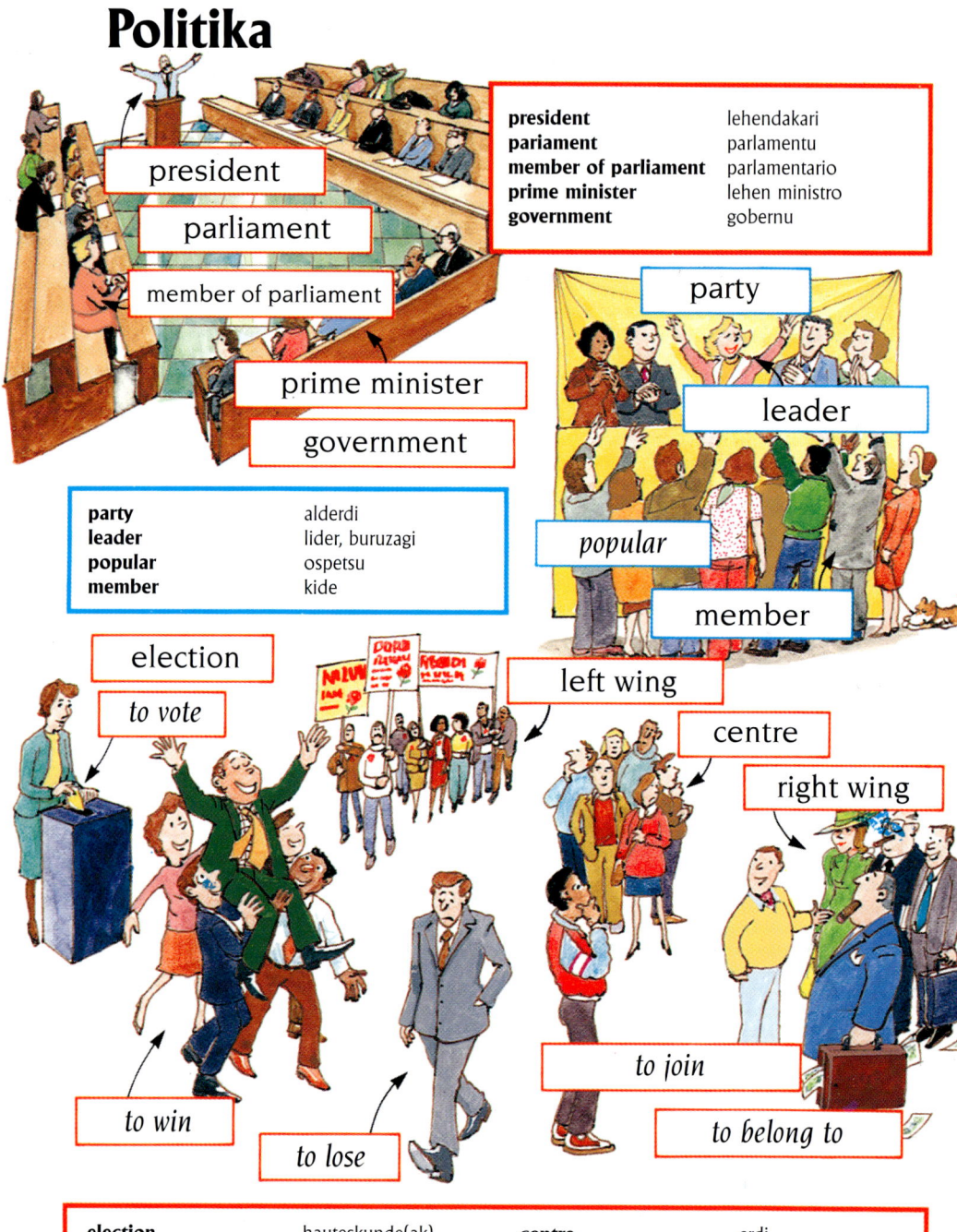

president

parliament

member of parliament

prime minister

government

president	lehendakari
pariament	parlamentu
member of parliament	parlamentario
prime minister	lehen ministro
government	gobernu

party

leader

popular

member

party	alderdi
leader	lider, buruzagi
popular	ospetsu
member	kide

election

to vote

left wing

centre

right wing

to win

to lose

to join

to belong to

election	hauteskunde(ak)	centre	erdi
to vote	botoa eman	**right, right wing**	eskuin
to win	irabazi	**to join**	afiliatu
to lose	galdu	**to belong to**	-(e)koa izan
left, left wing	ezker		

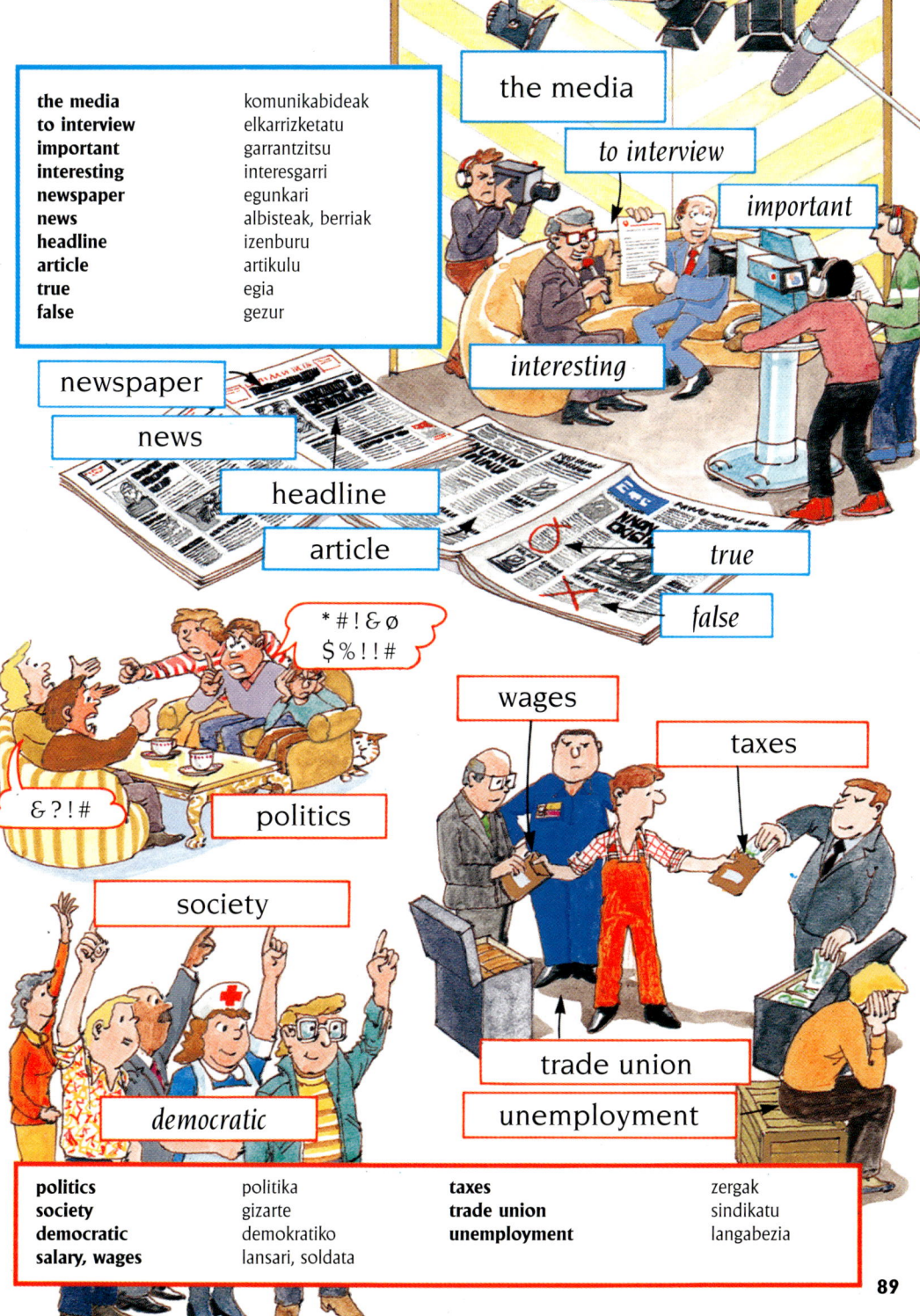

the media	komunikabideak
to interview	elkarrizketatu
important	garrantzitsu
interesting	interesgarri
newspaper	egunkari
news	albisteak, berriak
headline	izenburu
article	artikulu
true	egia
false	gezur

the media

to interview

important

interesting

newspaper

news

headline

article

true

false

* # ! & ø
$ % ! ! #

& ? ! #

politics

wages

taxes

society

democratic

trade union

unemployment

politics	politika	taxes	zergak
society	gizarte	trade union	sindikatu
democratic	demokratiko	unemployment	langabezia
salary, wages	lansari, soldata		

89

Gauzak deskribatzen

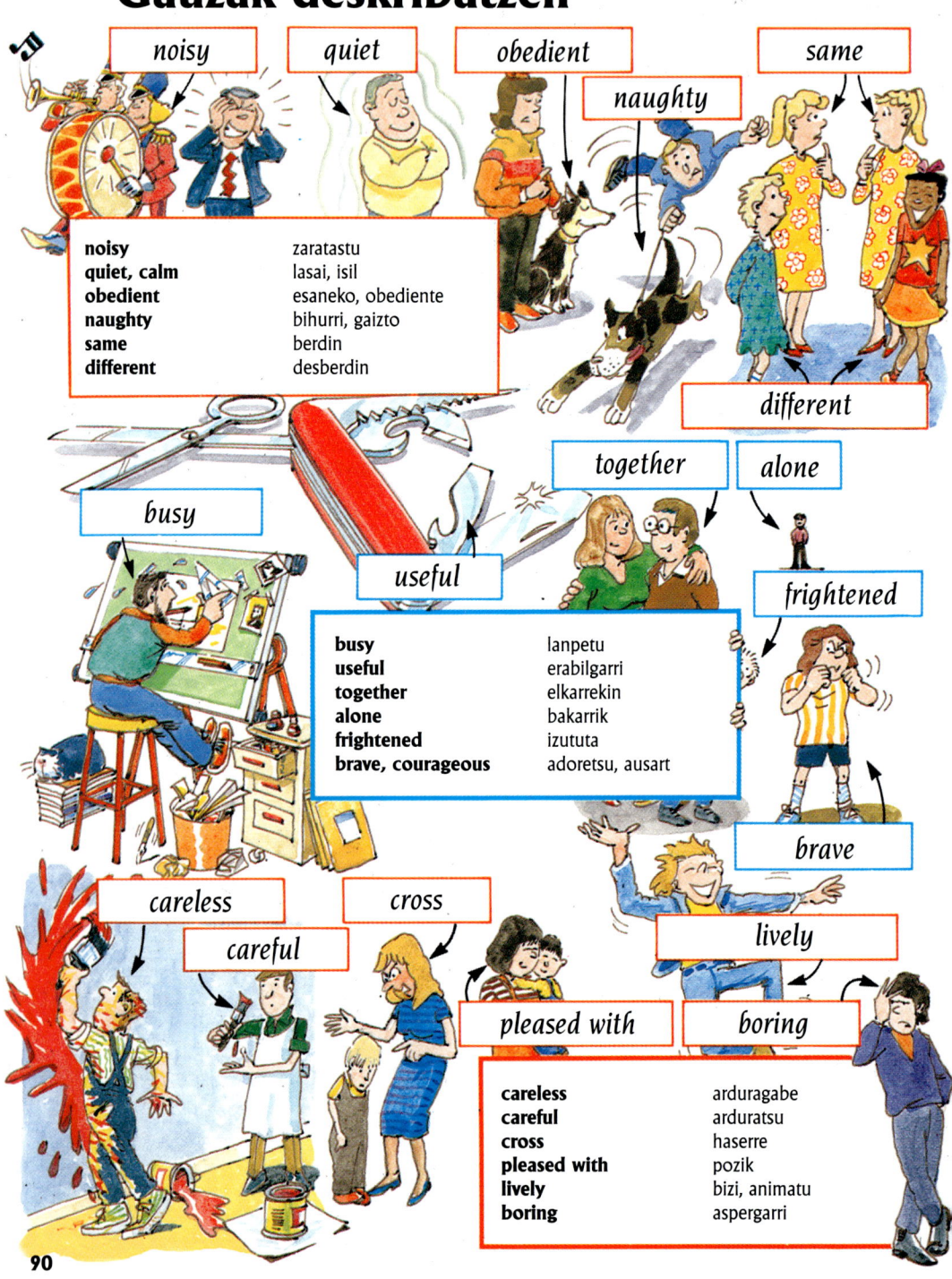

noisy

quiet

obedient

naughty

same

noisy	zaratastu
quiet, calm	lasai, isil
obedient	esaneko, obediente
naughty	bihurri, gaizto
same	berdin
different	desberdin

different

together

alone

busy

useful

frightened

busy	lanpetu
useful	erabilgarri
together	elkarrekin
alone	bakarrik
frightened	izututa
brave, courageous	adoretsu, ausart

brave

careless

cross

careful

lively

pleased with

boring

careless	arduragabe
careful	arduratsu
cross	haserre
pleased with	pozik
lively	bizi, animatu
boring	aspergarri

full · **empty** · **long** · **short** · **hard** · **soft**

full	beteta
empty	hutsik
long	luze
short	labur
hard	gogor
soft	bigun

new · **old** · **open** · **shut** · **deep** · **shallow**

new	berri
old	zahar
open	irekita
shut	itxita
deep	sakon
shallow	sakonera txiki

tight · **fashionable** · **old-fashioned** · **last** · **loose**

tight	estu
loose	solte, lasai
fashioned	modako
old-fashioned	zaharkitu
last	azken

made of plastic · **wooden** · **made of gold** · **made of metal** · **made of silver**

made of plastic	plastikozko
wooden, made of wood	zurezko
made of gold	urrezko
made of metal	metalezko
made of silver	zilarrezko

Koloreak

colour

red

yellow
bright

blue

navy blue

pink
pale

white

purple
dark

orange

black

green

grey
dull

flowered

spotted

brown

striped

colour	kolore	**bright**	bizi
red	gorri	**orange**	laranja
pink	arrosa	**blue**	urdin
pale	argi	**navy blue**	itsas urdin
white	zuri	**purple**	ubel, more
black	beltz	**dark**	ilun
grey	gris	**green**	berde
dull	motel, hits	**flowered**	loredun
brown	marroi	**spotted**	pinto
yellow	hori	**striped**	marradun

Barruan, gainean, azpian...

in

under

into

on

over

out of

beside

near

in front of

behind

between

towards

through

against

among

away from

down

with

up

opposite

without

far away from

in	barruan	**against**	kontra
on	gainean	**through**	-n zehar
under	azpitik	**among**	artean, erdian
over	gainetik	**to, towards**	-rantz, -(en)gana
into	barrura	**away from (to run away**	
out of	kanpora	**from)**	-tik, -(en)gandik (ihesi)
beside	ondoan	**up**	gora
between	bien artean	**down**	behera
near	hurbil, gertu	**opposite**	aurrez aurre
far away from	urruti	**with**	-ekin
in front of	aurrean	**without**	gabe
behind	atzean		

Aditz batzuk

to whisper

to shout

to look for

to wait for

to lean on

to hold

to whisper	xuxurlatu
to shout	oihu, deiadar egin
to look for	bilatu
to wait for	zain egon
to lean on	-en kontra egon
to hold	eutsi

to carry

to pick up

to drop

to put down

to carry	eraman, garraiatu	**to pick up**	jaso, hartu
to drop	erori	**to put down**	(behean) utzi

to touch

to close

to open

to pour

to fill

to shake

to empty

to touch	ukitu
to open	ireki, zabaldu
to close	itxi
to pour	bota, isuri
to fill	bete
to shake	astindu
to empty	hustu

to tear

to throw

to catch

to tear	urratu
to mend	konpondu
to throw	bota, jaurti
to catch	harrapatu
to knock over	bota, irauli
to break	apurtu

to mend

to knock over

to break

to steal

to slip

to pull

to push

to run away

to follow

to hide

to pull	tira egin	**to run away**	ihes egin
to push	bultza egin	**to follow**	jarraitu
to steal	lapurtu	**to hide**	ezkutatu
to slip	irrist egin		

95

Gramatika

Hizkuntza bat zuzen hitz egitera iristeko, bere gramatika ere ikastea komeni da. Horregatik, gramatika ingelesaren oinarrizko arau batzuk emango ditugu ondoren. Ez kezkatu hasieran ezin baduzue gogoratu ikasten duzuen guztia. Egin aurrera poliki-poliki eta praktikatu ikasten duzuena.

Izenak

Liburuaren hasieran esan dugun bezala, izenak ingelesez, euskaraz bezalaxe, ez du maskulinorik edo femeninorik. Normalean hitz berak balio du bi generoetarako (adib.: **the cook** sukaldaria —gizon nahiz emakume—), baina ez beti (adib.: **an actor** aktore bat; **an actress** emakumezko aktore bat).

Izenen plurala bukaeran s bat erantsiz egiten da normalean.
Adib.: **the hats** kapelak; **birds** txoriak.

Hala ere, hitz batzuek beste era batera egiten dute plurala. **S, sh, ch, x, o**-rekin bukatzen direnek **-es** hartzen dute pluralean.
Adib.: **bus** autobusa, **buses** autobusak; **bush** zuhaixka, **bushes** zuhaixkak; **lunch** otordua, **lunches** otorduak; **fox** azeria, **foxes** azeriak; **tomato** tomatea, **tomatoes** tomateak; **glass** edalontzia, **glasses** edalontziak.

Beste izen batzuek forma desberdina dute singularrean eta pluralean. Orrialde irudiztatuetan agertzen dira batzuk. Adib.: **child** haur, **children** haurrak.

Beste izen batzuek sekula ez dute pluralaren marka hartzen (adib.: **hair** ilea, **furniture** altzariak, **business** negozioak), eta beste batzuk beti pluralean erabiltzen dira (adib.: **tights** galtzerdiak; **people** jendea).

Artikuluak: the — a, an

The artikulu mugatua da, singularra nahiz plurala, eta euskaraz hitzari -a edo -ak eransten zaio bukaeran. Adib.: **the coat** berokia; **the skirt** gona; **the shoes** oinetakoak; **the shirts** alkandorak. Hala ere, orokorrean hitz egiterakoan, ez da artikulu mugaturik jartzen; adib.: **Flowers are beautiful** Loreak politak dira (lore guztiak, loreak orokorrean).
Beste artikulu-mota mugagabea da: **a** kontsonante aurrean erabiltzen da, eta **an** bokal edo h mutuaren aurrean; euskaraz 'bat' esango genuke. Adib.: **a dog** txakur bat; **a house** etxe bat; **an orange** laranja bat; **an hour** ordu bat. Pluralak izenari pluralaren marka jarrita egiten dira; adib., **dogs** txakur batzuk, **tables** mahai batzuk.

Some eta any

Hauek euskaraz "batzuk" edo "pixka bat" edo "-(r)ik" partitiboa erabiliz itzultzen dira. **Some** baiezko perpausetan erabiltzen da eta **any** galderetan.
Adib.: **Give me some bread!** Emadazu ogi pixka bat! **Do you have any sweets?** Baduzu gozokirik?

Much eta many

Much eta **many** euskaraz "asko" esaten dira, baina **much** zenbatu ezin diren gauzekin erabiltzen da (**much water** ur asko) eta **many** zenbatu daitezkeen gauzekin (**many cherries** gerezi asko).

Halaber, erabil daitezke **a lot of** edo **lots of** + izena singularrean edo pluralean.
Adib.: **A lot of books** liburu asko; **lots of milk** esne asko.

Erakusleak

This (hau), **that** (hori, hura)
these (hauek), **those** (horiek, haiek)
Adib.: **This apple is green**, sagar hau berdea da. **That apple is red**, sagar hori (edo hura) gorria da. **These horses are white**, zaldi hauek zuriak dira; **those horses are red**, zaldi horiek (edo haiek) gorriak dira.

"Noren" kasua (edutezkoa)

Gauza bat norena den esateko erabiltzen da.
Adib.: **Laura's book** Lauraren liburua. **Peter's hat** Peterren kapela. **My sister's dog** nire arrebaren (edo ahizparen) txakurra.
Beraz, lehenengo edukitzailearen izena + 's + edukitako gauza.

Ohartu ongi:
–Edukitako gauzak honelakoetan ez du artikulurik ingelesez.
–Ez nahastu edutezkoaren marka **'s**, eta **is** edo **has**-en laburdura den **'s**.

Edutezko adjektiboa

Ingelesez edutezko adjektiboak edukitzailearekin komunztatzen du.

my	nire
your	zure
his (mask.)	
her (femen.)	haren, beraren, bere
its (neutroa)	
our	gure
your	zuen
their	haien, beraien, beren

Adib.: **Paul's shoes, his shoes** Pauloren oinetakoak, haren (bere) oinetakoak (Paulo maskulinoa da). **Laura's brother, her brother** Lauraren neba, haren (bere) neba (Laura femeninoa da). **I like his watch** Gustatzen zait haren erlojua (Paulorena, adid.). **I like her watch** Gustatzen zait haren erlojua (Laurarena, adib.).

Edukitzailea maskulinoa denean **his** erabiltzen da, femeninoa denean **her**; edukitzailea animalia (neutrotzat joa) edota gauza bat denean **its**.
Adib.: **The leaves of the tree, its leaves** zuhaitzaren hostoak, haren hostoak. **The tail of the cat, its tail** katuaren buztana, haren buztana (edo **his tail**, zure animalia kutunarena bada).

Adjektibo kalifikatzaileak

Izenak kalifikatzeko dira. Ingelesez ez dira aldatzen eta kalifikatzen duten izenaren aurrean jartzen dira beti.

Adib.: **A heavy parcel** pakete astun bat. **The green car** automobil berdea. **Big hands** esku handi batzuk. **The leaves are yellow** hostoak horiak dira.

Konparazioak

Adjektibo kalifikatzaileen bidez konparazioak egin daitezke pertsona, animalia eta gauzen artean.

Baino... gehiago

–adjektibo laburra + **er** + **than**.

Adib.: **John is taller than his brother** John bere anaia baino altuagoa da.

Azken kontsonantea bikoiztu egiten da aurretik bokala duenean: **fat, fatter**.

Y-rekin bukatutako adjektiboek **-y** horren ordez **-ier** hartzen dute: **happy, happier**.

E-rekin bukatutako adjektiboek **-r** bakarrik hartzen dute: **late, later**.

–**more** + adjektibo luzea + **than**.

Adib.: **Laura is more beautiful than Mary** Laura Mary baino ederragoa da.

Baino... gutxiago

–**less** + adjektibo labur edo luzea + **than**.

Adib.: **Less heavy than** pisu gutxiagokoa (arinagoa) da.

Koalitatezko konparatiboa: bezain

–**as** + adjektiboa + **as**.

Adib.: **Luke is as tall as Paul** Luke Paul bezain altua da.

–Ezezkoetan: **not as** + adjektiboa + **as**.

Adib.: **She is not as clever as Mary** Ez da Mary bezain argia.

It is not as cold as yesterday Ez du atzo bezain hotz egiten.

Superlatiboa: -en(ak)

–**the** + adjektibo laburra-**est**.

Adib.: **William is the tallest** William da altuena.

–**the most** + adjektibo luzea.

Adib.: **She is the most beautiful** Hura da ederrena.

Bukaeraren aldaketarako, **-er** kasuaren arau berberak daude.

Adjektibo batzuk irregularrak dira:

ona	**good, better, the best**
txarra	**bad, worse, the worst**
urruti	**far, further, the furthest**

Oso

–**very** + adjektibo labur edo luzea.

Adib.: **She is very nice** Oso atsegina da. **It is very expensive** Oso garestia da.

Izenordain pertsonalak: subjektuak

Ekintzaren egileak dira.

I	ni(k)
you	zu(k)
he	hura/hark (gizona)
she	hura/hark (emakumea)
it	hura/hark (neutroa)
we	gu(k)
you	zuek
they	haiek

It izenordain pertsonal neutroa da; animalia edo gauza bat errepresentatzen du.
Adib.: **The box is red; it is red** Kaxa gorria da; hura gorria da.

Izenordain pertsonalak: osagarrizkoak

Ekintzaren hartzaileak dira. Euskaraz aditzean bertan sartzen dira.

me	ni, niri
you	zu, zuri
him	hau, hori, hura; honi, horri, hari (gizona)
her	hau, hori, hura; honi, horri, hari (emakumea)
it	hau, hori, hura; honi, horri, hari (neutroa)
us	gu, guri
you	zuek, zuei
them	haiek, haiei

Adib.: **Give her the box** Emaiozu kaxa (hari, emakum.) **She is looking for us** Bila dabilkigu, gure bila ari da **This dress is lovely, I bought it yesterday** Soineko hau oso polita da, atzo erosi nuen.

Izenordain bihurkariak

Subjektuak ekintza bere buruarengan zertzen duenean erabiltzen dira.

myself	neu(k)
yourself	zeu(k)
himself	bera(k) (gizona)
herself	bera(k) (emakumea)
itself	bera(k) (neutroa)
ourselves	geu(k)
yourselves	zeuek
themselves	beraiek, eurak/ek

Adib.: **They'll do it themselves** Beraiek (eurek) egingo dute.
Aditz batzuk izenordain bihurkariarekin erabiltzen dira beti. Hona hemen liburuan agertzen den kasu bat: **Enjoy yourselves!** Ongi pasa zuek!

Aditzak

Ingelesez bi orainaldi-mota daude. Orainaldi sinplea normalki egin ohi diren ekintzetan erabiltzen da, edo noizbehinka, sarri, beti edo inoiz ez (adib., Iruñean bizi naiz, sarri joaten naiz zinemara, atsegin dut txokolatea). Orainaldi iraunkorra, zertzen ari den ekintza adierazteko erabiltzen da.

Orainaldi sinplea (Present Simple)

Aditz-oina erabiltzen da. Hau ez da aldatzen, singularreko 3. pertsonan izan ezik, honi **-s** eransten baitzaio. Galderetan eta ezezkoetan **do/does** laguntzailea erabiltzen da. Hona hemen **to work** (lan egin) aditza orainaldi sinplean.

Baiezkoa	Galderazkoa	Ezezkoa
I work	do I work?	I do not work
you work	do you work?	you do not work
he/she/it works	does he/she/it work?	he/she/it does not work
we work	do we work?	We do not work
you work	do you work?	you do not work
they work	do they work?	they do not work

Orainaldi iraunkorra (Present Continuous)

Euskaraz -ten (-tzen) + ari + izan erabiliz egiten da. Ingelesez **to be** + aditza-**ing**. Hona hemen **to learn** (ikasi) aditza orainaldi iraunkorrean:

Baiezkoa	Galderazkoa	Ezezkoa
I am learning	am I learning?	I am not learning
you are learning	are you learning?	you are not learning
he/she/it is learning	is he/she/it learning?	he/she/it is not learning
we are learning	are we learning?	we are not learning
you are learning	are you learning?	you are not learning
they are learning	are they learning?	they are not learning

Hona hemen orainaldiaren adibide batzuk:
He lives in London Londresen bizi da.
Does she like fish? Gustatzen zaio arraina?
What are you doing? Zer ari zara egiten?
They play tennis every Saturday Tenisean jokatzen dute larunbatero.
The children are not sleeping, they are playing Haurrak ez daude lotan, jolasean ari dira.
It is raining Euria ari du.

To be eta to have

Aditz irregularrak dira, hau da, forma desberdinak dituzte iraganaldi edo partizipioarentzat (ikus aurrerago iraganaldiko formak eta aditz irregularrak). Beste aditz batzuk jokatzeko asko erabiltzen direnez, orainaldian eta iraganaldian emango ditugu hemen, baiezko, galderazko eta ezezko formetan. Kontuan izan **to be** aditzak "izan" nahiz "egon" adierazten duela, eta **to have** aditzak "ukan" nahiz "eduki".

To be orainaldian

Baiezkoa	Galderazkoa	Ezezkoa
I am	**am I?**	**I am not**
you are	**are you?**	**you are not**
he/she/it is	**is he/she/it?**	**he/she/it is not**
we are	**are we?**	**we are not**
you are	**are you?**	**you are not**
they are	**are they?**	**they are not**

To be iraganaldian

Baiezkoa	Galderazkoa	Ezezkoa
I was	**was I?**	**I was not**
you were	**were you?**	**you were not**
he/she/it was	**was he/she/it?**	**he/she/it was not**
we were	**were we?**	**we were not**
you were	**were you?**	**you were not**
they were	**were they?**	**they were not**

To have orainaldian

Baiezkoa	Galderazkoa	Ezezkoa
I have	**have I?**	**I have not**
you have	**have you?**	**you have not**
he/she/it has	**has he/she/it?**	**he/she/it has not**
we have	**have we?**	**we have not**
you have	**have you?**	**you have not**
they have	**have they?**	**they have not**

To have iraganaldian

Baiezkoa	Galderazkoa	Ezezkoa
I had	**had I?**	**I had not**
you had	**had you?**	**you had not**
he/she/it had	**had he/she/it?**	**he/she/it had not**
we had	**had we?**	**we had not**
you had	**had you?**	**you had not**
they had	**had they?**	**they had not**

Kontrakzioak

Ingelesek kontrakzio asko erabiltzen dute hitz egiterakoan. Liburu honetan agertzen direnetako batzuk azalduko ditugu ondoren:

I am = I'm; you are = you're; he/she/it is = he's/she's/it's; we are = we're; they are = they're; you were = you're; I was not = I wasn't; you were not = you weren't; I have, you have, etab. = I've, you've, etab.; he has = he's; I had, you had, etab. = I'd, you'd, etab.; I had not = I hadn't; I do not = I don't; he does not = he doesn't; I did not = I didn't; I will not = I won't.

"To be" eta "to have" aditzek bi eratako kontrakzioa izan dezakete ezezko esaldietan (I am not kasuan izan ezik, hau honela bakarrik egiten baita, I'm not): you're not/you aren't, he's not/he isn't... eta I've not/I haven't, he's not/he hasn't...

Iraganaldia

Iraganaldia bi eratara adierazten da: 1) "Simple past" delakoarekin (iraganaldi zehaztu gabea), ekintza iraganeko une jakin batean gertatu eta dagoeneko erabat bukatua dagoenean. 2) "Present perfect" (iraganaldi burutua), ekintzak, iraganean hasia, orainaldira arte jarraitzen duenean.

Iraganaldi sinplea (Simple past)

Aditzari **-ed** bukaera erantsiz sortzen da baiezko esaldietan, **did**-ekin galderazkoetan eta **did not**-ekin (kontrak. **didn't**) ezezkoetan. Hona hemen **to work** (lan egin) aditza "simple past" delakoan:

Baiezkoa	Galderazkoa	Ezezkoa
I worked	**did I work?**	**I did not work**
you worked	**did you work?**	**you did not work**
he/she/it worked	**did he/she/it work?**	**he/she/it did not work**
we worked	**did we work?**	**we did not work**
you worked	**did you work?**	**you did not work**
they worked	**did they work?**	**they did not work**

-e-rekin bukatzen diren aditzek **-d** bakarrik hartzen dute **(like, liked)**. **-y-**rekin bukatzen direnek **-ied** hartzen dute **(cry, cried)**. Azkenean kontsonante baten aurrean bokala duten aditzek bikoiztu egiten dute kontsonante hori **-ed** hartu aurretik **(knit, knitted)**.

Adib.: **I worked a lot yesterday** Lan handia egin nuen atzo. **I went to the pictures on Monday** Zinemara joan nintzen astelehenean. **He lived in Bristol in 1986** Bristolen bizi (izan) zen 1986an.

Hala ere, bukaeran **-ed** jartzeko arauak baditu salbuespenak. Gorago esan dugu badirela aditz irregularrak, iraganaldia eta partizipioa beste era batera egiten dituztenak. Aditz hauen zerrenda 104. orrialdean dago; ea ikasten dituzuen buruz, baina ez guztiak batera, baizik eta lauzpabost egunean, adibidez.

Orainaldi burutua (Present perfect)

Aditz guztiek —"to be" eta "to have" barne— **to have** aditzaren orainaldiaz gehi partizipioaz egiten dute. Aditzen partizipioa (irregularretan izan ezik) aditz-oinari **-ed** erantsita egiten da (adib.: **listen, listened**). Bukaerako aldaketak "simple past" kasuko berberak dira. Hona hemen **to work** (lan egin) aditzaren "present perfect" delakoa:

Baiezkoa	Galderazkoa	Ezezkoa
I have worked	**have I worked?**	**I have not worked**
you have worked	**have you worked?**	**you have not worked**
he/she/it has worked	**has he/she/it worked?**	**he/she/it has not worked**
we have worked	**have we worked?**	**we have not worked**
you have worked	**have you worked?**	**you have not worked**
they have worked	**have they worked?**	**they have not worked**

Adib.:
I have worked a lot today Lan handia egin dut gaur.
I have broken my arm Besoa hautsi dut.
Has she finished her work? Bukatu al du bere lana?
We have not studied this subject Ez dugu gai hau aztertu.

Geroaldia

Ingelesez hainbat eratara adierazten da geroaldia. Hona hemen bi erabilienak:
Geroaldi sinplea: aurreikuspen hutsa, etorkizun saihestezina, sortu berri den ideia bat adierazten du.
Intentziozko geroaldia: zertu edo gauzatuko den ekintza bat adierazten du.

Geroaldi sinplea (Future Simple)

Aditz guztien geroaldi sinplea aditz-oinaren aurrean **will** (kontrakzioa **'ll**) jarrita egiten da. Galderetan **will** jartzen da subjektuaren aurrean eta ezezko esaldietan **will not** (kontr. **won't**) erabiltzen da. Hona hemen **to come** (etorri) aditzaren geroaldi sinplea:

Baiezkoa	Galderazkoa	Ezezkoa
I will come	**will I come?**	**I will not come**
you will come	**will you come?**	**you will not come**
he/she/it will come	**will he/she/it come?**	**he/she/it will not come**
we will come	**will we come?**	**we will not come**
you will come	**will you come?**	**you will not come**
they will come	**will they come?**	**they will not come**

Adib.:**We will go to Paris** Parisa joango gara. **It won't rain tomorrow** Bihar ez du euririk egingo. **Will you do this for me?** Egingo didazu hori?

Intentziozko geroaldia (Intentional Future)
To be aditzaren orainaldia, **going to** + infinitiboa erabiliz egiten da (lehen aipaturiko kontrakzioak izan ditzake **to be** horrek). Adibidez, hona hemen **to buy** (erosi) aditzaren intentziozko geroaldia:

I am (I'm) going to buy
you are (you're) going to buy
he/she/it is going to buy
we are going to buy
you are going to buy
they are going to buy

Adib.: **I am going to buy an ice-cream** Izozki bat erostera noa.
Are you going to see her tomorrow? Hura (emak.) ikusteko asmoa duzu bihar?

Agintera
Aginduak eman edo debekuak adierazteko erabiltzen da. Adib.: **Work!** Egizu (egizak/n) lan!
Infinitiboaz baina **to** gabe egiten da, singular edo pluraleko bigarren pertsonan. Adib.: **Look!** Begira (ezak/n, ezazu, ezazue)!
Ezezko forma infinitiboaz baina **to** gabe eta aurretik **don't** ipinita egiten da. Adib.: **Don't do that!** Ez (ezak/n, ezazu, ezazue) egin hori!

Aditz irregularrak
Hona hemen liburuan aurkitzen diren aditz irregularren zerrenda. Buruz ikastea komeni zaizue (egunean lauzpabost, adibidez). Luzeegia gerta ez dadin, liburuan orrialde irudiztatuetan agertzen direnetara mugatu dugu zerrenda. Badira beste asko ere, baina ingelesa ikasten aurrera egin ahala ikasiko dituzue.

be izan, egon	**was**	**been**
break hautsi	**broke**	**broken**
bring ekarri	**brought**	**brought**
burst lehertu	**burst**	**burst**
buy erosi	**bought**	**bought**
catch harrapatu	**caught**	**caught**
cost kostatu	**cost**	**cost**
dig zulatu	**dug**	**dug**
do egin	**did**	**done**
drink edan	**drank**	**drunk**
drive gidatu	**drove**	**driven**
eat jan	**ate**	**eaten**
fall erori	**fell**	**fallen**
feed jaten eman	**fed**	**fed**
find aurkitu	**found**	**found**
get lortu	**got**	**got**
give eman	**gave**	**given**

go joan	went	gone
hang zintzilikatu	hung	hung
have ukan, eduki	had	had
hide ezkutatu	hid	hidden
hold eutsi	held	held
keep gorde, eduki	kept	kept
kneel belaunikatu	knelt	knelt
lay ipini, jarri	laid	laid
lean -en kontra jarri	leant	leant
learn ikasi	learnt	learnt
lie etzan	lay	lain
lose galdu	lost	lost
make egin	made	made
meet topo egin	met	met
mow segatu	mowed	mowed
put ipini	put	put
read irakurri	read	read
ride zaldiz ibili	rode	ridden
ring txirrinak jo	rang	rung
run lasterka egin	ran	run
say esan	said	said
see ikusi	saw	seen
send bidali	sent	sent
sell saldu	sold	sold
sew josi	sewed	sewn
shake astindu	shook	shaken
shine dir-dir egin	shone	shone
shut itxi	shut	shut
sing abestu	sang	sung
sit eseri	sat	sat
sleep lo egin	slept	slept
sow erein	sowed	sown
spend gastatu	spent	spent
stand zutik egon	stood	stood
steal lapurtu	stole	stolen
stick erantsi	stuck	stuck
sting zaztatu	stung	stung
swim igeri egin	swam	swum
take hartu	took	taken
teach irakatsi	taught	taught
tear urratu, apurtu	tore	torn
think pentsatu	thought	thought
throw jaurti	threw	thrown
wear soinean eraman	wore	worn
weep negar egin	wept	wept
win irabazi	won	won
write idatzi	wrote	written

Izenorde galdetzaileak

Who "nor" pertsonei buruz galdetzeko erabiltzen da, **What** "zer" animalia edo gauzei buruz galdetzeko, **Whose** "noren(a)" zerbaiten jabeaz galdetzeko, **Which** "zein" zenbait aukeraren artean bat hautatzea proposatzeko. Adib.:

Who is this man? Nor da gizon hau?
What are you doing? Zer egiten ari zara?
Whose boat is this? Norena da itsasontzi hau?
Which colour do you prefer? Zein kolore nahi duzu?
Which of these boys is your friend? Mutil hauetako zein da zure laguna?
What do you choose? Zer aukeratzen duzu?

Baita ere...
When did she go to Paris? Noiz joan zen Parisa?
How did you get here? Nola iritsi zinen hona?
How much does the ticket cost? Zenbat kostatzen da txartela?
How long is the film? Zenbat irauten du filmak?
How many brothers do you have? Zenbat anaia (neba) dituzu?
Why did he say that? Zergatik esan zuen hori?
Where is the cinema? Non dago zinema?
Where are you from? Nongoa zara?

Esaldien azalpena

Liburuaren orrialde irudiztatuetan, hitzez gain, esaldi eta esamolde batzuk ere agertzen dira. Hona hemen, zein orrialdetan agertzen diren adierazita, esaldi eta esamolde horietako batzuk; gainera, euskaraz duten esanahia ematen dugu, hitzez hitzeko itzulpena (ahal denean) eta osagai duten hitz bakoitzaren azalpena.

4. or.
• **See you later** Gero arte, ikusi arte.
Hitzez hitz "geroago ikusiko zaitut". **To see** ikusi, **later** geroago, **late** 'gero' delakoaren gehiagotasunezko konparatzailea.

5. or.
• **What's your name?** Nola duzu izena?
Hitzez hitz, Zein da zure izena? **What** izenorde galdetzailea da, zer? zein? adierazten duena.
Erantzuna: **My name is...** Nire izena ... da.

• **How old are you?** Zenbat urte dituzu?
To be aditzaren esapide idiomatikoa adinarentzat. **How** nola, **old** zahar.
Erantzuna: **I'm nineteen** Hemeretzi urte ditut.

11. or.
• **To stand up** jaiki, **to kneel down** belaunikatu, **to lie down** etzan, **to sit down** eseri.
aditza + preposizioa: "jaikitzeko" ekintza, etab.
to be standing zutik egon, **to be kneeling** belauniko egon, **to be lying down** etzanda egon, **to be sitting down** eserita egon.
to be aditza + aditza-**ing**: posizioa, jarrera.

18. or.
• **Beware of the dog** Kontuz txakurrarekin.
Hitzez hitz "Gorde (**to beware**) txakurragandik".

20. or.
• **To have a shower** Dutxatu.
To have-k batzuetan "hartu" esan nahi du. Beste adibide batzuk: **to have a bath** (24. or.), bainua hartu, bainatu, **to have breakfast** gosaldu, gosaria hartu.

24. or.
• **To be sleepy** Logura izan. Beste adibide batzuk: **to be hungry** gose izan (26. or.), **to be thirsty** egarri izan (26. or.), **to be hot** bero izan (85. or.).

• **To get dressed/to get undressed** jantzi/erantzi. **To get** aditzaren esapide idiomatikoa, berez hartu, eskuratu, lortu... esan nahi du. **Dressed/undressed, to dress/to undress** jantzi/erantzi aditzen partizipioak dira. Beste adibide batzuk: **to get engaged** ezkon-hitza eman, **to get married** ezkondu (79. or.).

26. or.
- **Enjoy your meal!** On egin!

To enjoy disfrutatu, gozatu, **your meal** zure/zuen otordua.

37. or.
- **What would you like?** Zer hartu nahi duzu?

Hitzez hitz, Zer gustatuko litzaizuke? **What** zer, **would you like** gustatuko litzaizuke. Hau baldintzazko forma da eta **would** (ezezkoetan **would not**) + aditza erabiliz egiten da.

44. or.
- **Can I help you?** Zer nahi duzu? Zertan lagun zaitzaket/diezazuket?

Can I badezaket, ahal dut, **to help** lagundu, **you** zu/zuri.
- **How much is...?** Zenbat kostatzen da...?

How much zenbat. **To be** aditzaren esapide idiomatikoa.

48. or.
- **Who's speaking?** Nor da? (telefonoz). Hitzez hitz, Nor ari da hizketan?

Who nor, **is speaking** ari da hizketan.

49. or.
- **Please find enclosed** Honekin batera bidaltzen dizut.

Please mesedez, **to find** aurkitu, **enclosed** ondoan, honekin batera.
- **Having a lovely time** Oso ongi ari gara pasatzen.

To have izan, eduki; **a lovely time** denboraldi ederra.

54. or.
- **The train to...** -rako/-ra doan trena; **the train from...** tiko/-tik datorren trena. **To** preposizioak pertsona, animalia edo gauza bat leku jakin baterantz doala adierazten du. **From** ere mugimenduzko preposizioa da, jatorria edo nondikoa adierazten duena.

81. or.
- **(on) Tuesday, the 2nd of June...** asteartean, ekainaren 2an...

Kontuan izan datetan ingelesez zenbaki ordinalak erabiltzen direla (lehena, bigarrena, etab.). Beraz, hitzez hitz, asteartean, ekainaren bigarrenean.

82. or.
- **In the morning** goizez, **in the daytime** egunez, **in the evening** arratsez, **at night** gauez. **In** eta **at** preposizioak denbora adierazteko ere erabiltzen dira. Ikusi ditugun esaldiotaz gain, hilabete, urtaro eta urteetan ere erabiltzen da **in** (adib., **in June** ekainean). **At** orduak adierazteko erabiltzen da (adib., **at ten** hamarretan).

83. or.
- **What time is it?** Zer ordu da?

What zer, **time** denbora, **is it** da.
Ordua honela adierazten da: ordu baten lehen orduerdiko minutuak adierazteko ordutik zenbat minutu pasatzen diren + **past** (pasata) + ordua esaten da: **ten past eleven** hamaikak eta hamar; hitzez hitz, hamar pasata hamaiketatik. Bigarren orduerdiko minutuak adierazteko ordurako zenbat minutu falta diren + **to** + ordua esaten da: **seventeen to five** bostak hamazazpi gutxiago; hitzez hitz, hamazazpi bostetarako. Orduak puntuan adierazteko **o'clock** hitza jar daiteke. Ikus adibideak orrialde irudiztatuetan.

84. or.
- **It's raining** Euria ari du.

To rain aditza **it** izenordain neutroarekin erabiltzen da beti. Beste adibide bat (85. or.): **It's snowing** Elurra ari du.

85. or.
- **What is the weather like?** Zer eguraldi egiten du?

Esapide idiomatikoa. **What is... like?** "Nolakoa da..." esan nahi du.
- **It's windy** Haizea egiten du. **It's cold** Hotz egiten du. **It's fine** Eguraldi ona egiten du.

To be aditza erabiltzen da "egiten du" esateko, gehi dagokion adjektiboa (adibide hauetan, **windy** haizetsu, **cold** hotz, **fine** on).

94. or.
- **To look for** bilatu; **to wait for** itxaron; **to knock over** irauli (95. or.). Aditz batzuek preposizioa behar dute beti, ezin dira banatu eta biak batera ikasi behar dira.

Adib.: **I'm looking for my watch** Neure erlojuaren bila ari naiz. **He's knocked over the jar** Irauli egin du pitxerra.

Hiztegia

A

abendu	December
abesbatz	choir
abesti	tune
abestu	to sing
abiatu	to start off
abokatu	lawyer
abonu	season ticket
abuztu	August
adar	branch
adin	age
adio	goodbye
adiskide	friend
adiskidetsu	friendly
adoretsu	brave, courageous
aduanazain	customs officer
afari	supper
afiliatu (aditz.)	to join
Afrika	Africa
agenda	diary
agur	goodbye
aharrausi egin	to yawn
ahate	duck
ahizpa	sister
aho	mouth
ahul	weak
ahuntz	goat
aingura	anchor
aintzira	lake
aireportu	airport
aireratu	to take off
aita	father
aitona	grandfather
aizto	knife
aktore	actor, actress
akuri	guinea pig
alaba	daughter
albiste(ak)	news
albo-kale	side street
aldagela	cloakroom
aldapa	slope
aldapatsu	steep
alderdi (polit.)	party
aldiri	suburb
aldizkari	magazine
aleman	German
Alemania	Germany
aletegi	barn
alfabeto	alphabet
alfer	lazy
alfonbra	rug
alga	seaweed
alkandora	shirt
altua izan	to be tall
altuera	height
altzari(ak)	furniture
ama	mother
amona	grandmother
amu	hook
amuarrain	trout
anaia	brother
anbulantzia	ambulance
animalia	animal
antzara	goose
antzerki	play
antzoki	theatre
aparkaleku	car park
aparkatu	to park
aparteko ordu(ak)	overtime
apiril	April
apurtu	to break
aran	plum
arasa	cupboard
arbel	blackboard
arbeletxeko	apricot
ardangela	cellar
ardi	sheep
ardi-txakur	sheepdog
ardo	wine
arduragabe	careless
arduratsu	careful
aretozain	usherette
argal	thin
argazki	photograph
argazki bat egin	to take a photograph
argazki-makina	camera
argazki-pelikula	film
argazkigintza	photography
argazkilari	photographer
argi	light, pale (kolorea)
argia itzali	to switch the light off
argia piztu	to switch the light on
ariketa egin	to exercise
arina izan	to be light
arkatz	pencil
arkume	lamb
arkume-izter	leg of lamb
armiarma	spider
arotzia	woodwork

arrain	fish
arrain bat harrapatu	to catch a fish
arrain-ontzi	bowl
arraindegi	fishmonger
arrano	eagle
arrantzako kanabera	fishing rod
arrantzara joan	to go fishing
arrantzontzi	fishing boat
arrats(ez)	(in the) evening
arratsalde(z)	(in the) afternoon
arraun	oar
arraun-ontzi	rowing boat
arraunean egin	to row
arrautza	egg
arrautzak errun	to lay eggs
arreba	sister
arroka	rock
arropa	costume
arropa garbitu	to do the washing
arropak erantzi	to get undressed
arropak zabaltzekoa	washing line
arrosa	pink (kolore), rose (lorea)
arroz	rice
artalde	flock
arte-galeria	art gallery
artean	among
artean (biren)	between
artikulu	article
artile	wool
artilezko	woollen
artilezko jaka	cardigan
aspergarri	boring
aste	week
astearte	Tuesday
asteazken	Wednesday
asteburu	week-end
astelehen	Monday
Aste Santu	Easter
astindu	to shake
astiro	slow
asto	donkey
astuna izan	to be heavy
ate	door
ate nagusi	front door
atera (zerbitzatu)	to serve
aterki	umbrella
atezain	caretaker (etxe), goalkeeper (kirol)
atletismo	athletics
atseden hartu	to rest
atsedenaldi	break
atsegin	nice
atsekabetu	unhappy
atzapar	claw

atzean	behind
atzerantz	backwards
atzo	yesterday
atzo arrats(ean)	yesterday evening
atzo goiz(ean)	yesterday morning
audiofono(ak)	headphones
aulki	chair, seat
aurkeztu	to introduce
aurpegi	face
aurrea hartu	to overtake
aurrean	in front of
aurreko argi	headlight
aurrerantz	forwards
aurrez aurre	opposite
ausart	brave, courageous
Australia	Australia
auto-ilara	traffic jam
auto-lasterketa	motor racing
autobide	motorway
autobus	bus, coach
autobus-geraleku	bus stop
automobil	car
auzo	district
auzoko	neighbour
aza	cabbage
azafata	air hostess
azalore	cauliflower
azaro	November
azeleratu	to gather speed
azenario	carrot
azeri	fox
azken	last
azkenburuko	dessert
azoka	market place
azpibide	subway
azpil	tray
azpitik	under
azterketa	exam
azterketa egin	to sit an exam
azterketa ez gainditu	to fail an exam
azterketa gainditu	to pass an exam
azukre	sugar

B

baba	bean
bagoi	carriage
bai	yes
bainatu	to have a bath
bainu	bath
bainu-alfonbra	bathmat
bainu-ontzi	bath
bainu-ontzia bete	to run a bath

111

bainu-ontzia bete	to run a bath	beita	bait
bainu-txabusina	bathrobe	bekozkoa ipini	to frown
bainugela	bathroom	belar	grass
bakarrik	alone	belar ondu	hay
bakeroak (praka)	jeans	belar txar	weed
baketsu	peaceful	belar usaintsu	herb
balaztatu	to slow down	belar-fardel	haystack
baldetxo	bucket	belardi	meadow
balkoi	balcony	belarri	ear
baloi	ball, football	belarritako	earring
ballet	ballet	belaun	knee
banako gela	single room	belaunikatu	to kneel down
banana	banana	belauniko egon	to be kneeling
banatu	to deliver	Belgika	Belgium
bandera	flag	beltz	black
banketxe	bank	beltzaran	dark
banku (esertzeko)	bench	beltzaranduta	tanned
banku-zuzendari	bank manager	belzteko krema	suntan lotion
baratxuri	garlic	bendak	bandage
baratze	vegetable patch, orchard (fruta-arbolak)	berakatz	garlic
		berandu	late
		berandu iritsi	to be late
barazki(ak)	vegetables	berde	green
barre egin	to laugh	berdin	same
barregarri	funny	bero	hot
barrez lehertu	to burst out laughing	bero izan	to be hot
		beroki	coat
barruan	in	berotegi	greenhouse
barrura	into	berri	new, fresh
basalore	wild flower	berriak (albisteak)	news
basamortu	desert	berriketan ari	to chat
basati	wild	besaulki	armchair
baserri	farm	beso	arm
baserritar	farmer	betaurrekoak	glasses
basetxe	farmhouse	betaurrekoak erabili	to wear glasses
baskula	scales	bete	to fill
baso	wood	beteta	full, fully booked
batu	to add	bezero	customer
bazkalordu	lunch hour	biblioteka	library
bazkari	lunch	bibolina jo	to play the violin
begi	eye	bidaiari	traveller
begiak igurtzi	to rub your eyes	bidali	to send
behatz	finger (esku), toe (hanka)	bide	track
		bideaz galdetu	to ask the way
behe-oin	ground floor	bideo	video
behe(an)	downstairs	bideo-kamera	video camera
behean utzi	to put down	bider	times
beheko su	fireplace	biderkatu	to multiply
behelaino	fog	bidexka	path
behelainoa dago	It´s foggy	bigarren hezkuntzako eskola	secondary school
behera	down		
behera jaitsi	to go downstairs	bigarren klase	second class
behi	cow	bigarren oin	second floor
behiak jetzi	to milk the cows	bigarren plater	main course
behitegi	cowshed	bigun	soft

bihar	tomorrow	botila	bottle
bihar arrats(ean)	tomorrow evening	botoa eman	to vote
bihar goiz(ean)	tomorrow morning	botoi	button
biharamun(ean)	(the) next day	boutique	boutique
bihurkin	screwdriver	bozgorailu	loudspeaker
bihurri	naughty	bozina	horne
biki(ak)	twin brother(s)	Britainia Handia	Great Britain
bila joan	to fetch	brotxe	brooch
bilatu	to look for	Brusela aza	Brussels sprout
bildu	to pick	bufanda	scarf
bilduma	collection	bukaera	end
billete (dirua)	note	bular	chest
bilketa-ordu	collection time	bular-igeriketa	to do breast-stroke
biloba	grandson,	bulego	office
	granddaughter	bulegoak	offices, office block
biltzeko paper	wrapping	bultza egin	to push
biluzik	naked	buru	head
biologia	biology	buruzagi	boss
biolontxeloa	to play the cello	buruko	pillow
biren artean	between	buruko mina izan	to have a headache
birigarro	thrush	buruko zinta	headband
bisitatu	to visit, to sightsee	burusoil	bald
bitxi(ak)	jewellery	buztan	tail
bitxilore	daisy		
bizar-aitzur	razor		
bizar-makina	electric shaver	**C**	
bizar-xaboi	shaving foam		
bizarra izan	to have a beard	crawl-igeriketa	to swim crawl
bizarra kendu	to shave		
bizi	bright (kolore),		
	lively (adj.)	**D**	
bizikleta	bicycle		
bizikletan ibili	to ride a bicycle	damatan jokatu	to play draughts
bizitza	life	danborra jo	to play the drums
bizkar	back	dantza egin	to dance
bizkar-igeriketa	to do back-stroke	dantza-pista	dance floor
bizkor	fast	dastatu	to taste
bizkotxo	cake	data	date
blai eginda	soaked to the	datorren aste(an)	next week
	skin	deiadar egin	to shout
blusa	blouse	deitura	surname
bolante	steering wheel	dekoratu	scenery
boligrafo	ball-point pen	demokratiko	democratic
bolumen	volume	denbora	time
borragoma	rubber	denda	shop
bosgarren	fifth	dendari	shopkeeper
bostekoa eman	to shake hands	desafinatu	to sing out of tune
	with	desberdin	different
bota	to knock over	deskargatu	to unload
	(irauli),	diru	money
	to pour (isuri),	dirua atera	to take money out
	to throw (jaurti/ki)	dirua gastatu	to spend money
bota	boot (oinetakoa)	dirua sartu bankuan	to put money in the
botagura izan	to be sick		bank
botika	chemist	dirua trukatu	to change money

disc-jockey	disc jockey	elkarrekin	together
disko	record	elkarrizketatu	to interview
disko-jogailu	record-player	eltxo	mosquito
diskodenda	record shop	eltze	saucepan
diskotekara joan	to go to a disco	elur	snow
dominlstiku egin	to sneeze	elur-panpin	snowman
dortoka	tortoise	elurra urtu	to thaw
doughnut	doughnut	emakume	woman
dutxa	shower	emazte	wife
dutxatu	to have a shower	emaztegai	bride
		enpastatu	to have a filling
		enplegatu	employee
E		entsalada	salad
		entxufe	plug
ebaki	cut	entzungailu	receiver
ebakuntza	operation	epaile	judge, referee
edalontzi	glass	erabidetsu	polite
edan	to drink	erabilgarri	useful
eder	lovely, beautiful	eraikin	building
edredoi	duvet	erakusketa	exhibition
egarri izan	to be thirsty	erakusleiho	window display
egia	true	eraman	to carry
egin	to make	erantsi	to stick
egongela	living room	eraztun	ring
Eguberriak	Christmas	erdi	medium
Eguberri-egun	Christmas Day	erdi bat	a half
eguerdi	midday	erdigune, zentro	centre
egun	day	eredu	pattern
egun on	good morning	erein	to sow
egun(ez)	(in the) daytime	erizain	nurse
egun-argia da	it´s light	erle	bee
egunkari	newspaper	erloju	watch
egunsenti	dawn	erori	to drop
egur	wood	erosketa-poltsa	shopping bag
eguraldi	weather	erpuru	thumb
eguraldi-iragarpen	weather-forecast	erraboila	bulb
egutegi	calendar	erradiadore	radiator
eguzki	sun	erraketa	racket
eguzki-irteera	sunrise	erraz	easy
eguzki-sarrera	sunset	erredura	burn
eguzkia hartu	to sunbathe	erregela	ruler
eguzkitako	sunshade	erreka	stream
eguzkitako		errepide (nagusi)	(main) road
betaurrekoak	sunglasses	erretilu	tray
ehun (oihal)	fabric	erretiratu	to retire
ekain	June	errezel	curtain
ekaitz	thunderstorm	errezeta	prescription
eki(alde)	east		(medik.),
ekipo	team		recipe (sukald.)
Ekuatore	Equator		
elastiko	vest	erritmoa markatu	
eleberri	novel	hankaz	to tap your feet
elefante	elephant	Errusia	Russia
elektrizitate	electricity	esaldi	sentence
eliza	church	esan	to say
		esaneko	obedient

eseki	to hang up	etiketa	label
eseri	to sit down	etorkizun	future
eserita egon	to be sitting down	etorrera	arrival
eskailera	ladder	etxazpi	cellar
eskailera mekaniko	escalator	etxe	house
eskailerak	staircase, stairs	etxegile	builder
eskalatu	to climb	etxe-jabe (emak.)	landlady
eskalatzaile	climber	etxe-orratz	skyscraper
Eskandinavia	Scandinavia	etxez aldatu (irten)	to move out
eskatu	to order	etxez aldatu (sartu)	to move in
eskerrik asko	thank you very much	etxola	garden shed
		etzan	to lie down
eskertu	to thank	etzanda egon	to be lying down
eski	ski	etzi	the day after
eski-botak	ski boots	euli	fly
eski-estazio	ski resort	euri	rain
eski-makila	ski stick	euri-tanta	raindrop
eski-monitore	ski instructor	euritako	umbrella
eski-pista	ski slope, ski run	Europa	Europe
eskiatzera joan	to go skiing	eutsi	to hold
eski nautikoa egin	to waterski	ez	no
eskola	school	ez aparkatu	no parking
eskorga	wheelbarrow	ez erre	no smoking
esku	hand	ez sartu	no entry
eskuare	rake	ezker	left, left wing
eskuila	brush	ezkerralde	left side
eskuin	right, right wing	ezkerretara bira	to turn left
eskuinalde	right side	ezkon-hitza eman	to get engaged
eskuinetara bira	to turn right	ezkon-eraztun	wedding ring
eskuko ekipaje	hand luggage	ezkondu	to get married
eskularru(ak)	glove(s)	ezkontza	marriage
eskumutur	wrist	ezkutatu	to hide
eskumuturra bihurritu	to sprain your wrist	ezpain	lip
		ezpain-barra	lipstick
		ezpain-zapi	napkin
eskumuturreko	bracelet	eztei(ak)	wedding
eskupeko	tip	eztei-bidaia	honeymoon
eskupoltsa	handbag	ezti	honey (erleena), sweet
eskutrebe	skilful, good with your hands		
esnatu	to wake up	**F**	
esne	milk		
esnegain	cream	fabrikatu	to manufacture
Espainia	Spain	faktura	bill
espainiera	Spanish	fakturazio-leku	check-in
espaloi	pavement	familia	family
esparatrapu	sticking plaster	farmazia	chemist
espazio	space	ferry	ferry
espaziontzi	spaceship	fideo(ak)	noodle(s)
espezieak	spices	film	film
espinaka	spinach	fisika	physics
Estatu Batuak	United States	fokatuta	in focus (ongi), out of focus (gaizki)
estatua	statue		
estu	narrow, tight	foko	spotlight
eszenategi	stage	footing egin	to jog

Frantzia	**France**	gaur arrats(ean)	**this evening**
fresko	**fresh**	gaur goiz(ean)	**this morning**
fruta	**fruit**	gazta	**cheese**
fruta-arboladi	**orchard**	gaztaina-ile	**brown hair**
fruta-zuku	**fruit juice**	gazte	**young**
furgoneta	**van**	gehi	**plus**
futbolean jokatu	**to play football**	gela	**cabin, room**
		gela bat gorde	**to reserve a room**
		gela bikoitz	**double room**
G		geltoki	**station**
		geltokiburu	**guard**
gabe	**without**	geografia	**geography**
gabon	**good night**	geranio	**geranium**
Gabon-gau	**Christmas Evening**	gerezi	**cherry**
Gabon-kanta	**Christmas carol**	gerizpe	**shade**
Gabon-zuhaitz	**Christmas tree**	gero arte	**see you later**
Gabonak	**Christmas**	gerriko	**belt**
galleta	**biscuit**	gertu	**near**
gailur	**summit**	gezur	**false**
gainean	**on**	gidari	**driver**
gainetik	**over**	gidatu	**to drive**
gaixo	**patient**	gimnastika	**gymnastics, P.E.**
gaixo sentitu	**to feel ill**	gitarra jo	**to play the guitar**
gaizto	**naughty**	gizarte	**society**
galaxia	**galaxy**	gizon	**man**
galdera egin	**to ask a question**	gobernu	**government**
galdu	**to lose**	gogor	**hard**
galtzak	**trousers**	goiz(ez)	**(in the) morning**
galtzerdi	**sock**	gola sartu	**to score a goal**
galtzontziloak	**underpants**	goldatu	**to plough**
gamelu	**camel**	golf-elkarte	**golf club**
ganbara	**attic**	golfean jokatu	**to play golf**
ganibet	**knife**	gona	**skirt**
garagardo	**beer**	gonazpiko	**petticoat, slip**
garaiz	**on time**	gonbidatu	**guest (iz.),**
garaiz iritsi	**to be on time**		**to invite (adit.)**
garaje	**garage**	gora	**up**
garbi	**clean**	gora igo	**to go upstairs**
garbitu	**to wash, to have a**	gorbata	**tie**
	wash	gordin	**raw**
garesti	**expensive**	gorila	**gorilla**
gari	**wheat**	gorputz	**body**
garraiatu	**to carry**	gorri	**red**
garrantzitsu	**important**	gosari	**breakfast**
garratz	**bitter, sharp**	gose izan	**to be hungry**
gas	**gas**	gozagaitz	**rude**
gasolina	**petrol**	gozo	**sweet**
gasolindegi	**petrol station**	gozoa dago	**it's delicious,**
gasolinontzia bete	**to fill up with**		**it tastes good**
	petrol	gozotegi	**cake shop**
gatz	**salt**	gramatika	**grammar**
gau(ez)	**(at) night**	gris	**grey**
gau-mahai	**bedside table**	guraizeak	**parents**
gauerdi	**midnight**	gurditxo	**trolley**
gaur	**today**	gurin	**butter**

gurpil	wheel
gurpila zulatu	to have a flat tyre
gustatu	to like, to enjoy
gutun	letter
gutun bat idatzi	to write a letter
gutun-paper	writing paper
gutuna ireki	to open a letter
gutun-azal	envelope
gutunontzi	letter box

H

hagineko min	toothache
haginlari	dentist
haize	wind
haizetako	windscreen
haizetsu	windy
hamster	hamster
handi	big, large, enormous (oso handi)
hanka	leg (perts.), paw (animal.)
hanka hautsi	to break your leg
hankako behatz	toe
haragi	meat
haran	valley
harategi	butcher
hari	thread
haritz	oak tree
harrapatu	to catch
harraska	sink
harreraleku	reception
harrikoa egin	to wash up
hartz txuri	polar bear
haserre	cross
hasiera	beginning
hasierako plater	starter
hatz	finger
haur	child
haur-kotxe	push-chair
haurtzaindegi	nursery school
haurtzaro	childhood
hauteskunde(ak)	election
hazi	to bring up (adit.), seed (iz.)
hegan egin	to fly
hegazkin-txartel	airline ticket
hegazkinera igo	to board
hegazkinez (posta)	airmail
hego	wing (hega egiteko)
Hego Amerika	South America
Hego polo	South Pole

hego(alde)	south
helbide	address
heldu	ripe (frutak), to hang on (atzeman)
Herbehereak	Netherlands
heren	third
herenegun	the day before
heriotza	death
heroi	hero (giz.), heroine (emak.)
herri	village
herrialde	country
hesi	barrier
hil	to die (ad., heriotza)
	month (hilabete)
hilerri	cemetery
hileta	funeral
hipopotamo	hippopotamus
hiri	town, city (handia)
hiriaren erdi	town centre
hiriarteko tren	inter-city train
hiru laurden	three quarters
hiruhileko	term
historia	history
hitz	word
hobeto sentitu	to feel better
hodei	cloud
hondamendi	disaster
hondar-gaztelu	sandcastle
hondartza	beach
hontz	owl
hori	yellow (kolore)
hortz	tooth
hortz-eskuila	toothbrush
hortzak garbitu	to clean your teeth
hortzetako pasta	toothpaste
hosto	leaf
hotel	hotel
hotelean egon	to stay in a hotel
hotz	cold
hozkailu	fridge
hurbil	near
hustu	to empty
hutsik	empty

I

ibai	river
ibaiertz	bank
idatzi	to write
idazkari	secretary

idibegi	porthole	irakurri	to read
igande	Sunday	iratzargailu	alarm clock
igel	frog	irauli	to capsize,
igerian egin	to swim, to have a		to knock over
	swim	ireki	to open
igerileku	swimming pool	irekita	open
igo	to climb (eskalatu),	irin	flour
	to get on	irrati	radio
	(autobusera...)	irrati-kasete	cassette recorder
igogailu	lift	irratia entzun	to listen to the
igorri	to send		radio
ihes egin	to run away	irribarre egin	to smile
ihi	reed	irrist egin	to slip
ikasgai	lesson	irteera	exit, departure
ikasgela	classroom	isats	tail
ikasi	to learn, to study	isatsari eragin	to wag its tail
ikasle	student	ispilu	mirror
ikus-entzuleak	audience	isuri	to pour
ilaje	fur	Italia	Italy
ilar	pea	itsas urdin	navy blue
ilargi	moon	itsasertz	seaside
ile	hair	itsaski	sea food
ile gorri	red hair	itsaso	sea
ile horia izan	to have blonde hair	itsasontzi	ship
ile kizkur	curly hair	itsasontziz bidaiatu	to travel by boat
ile liso	straight hair	itsatsi	to stick (erantsi)
ile-lehorgailu	hairdrier	iturgin	plumber
ilea eskuilatu	to brush your hair	itxarongela	waiting room
ilea garbitu	to wash your hair	itxi	to close
ilea lehortu	to dry your hair	itxita	shut
ilea orraztu	to comb your hair	itzal	shade
ile-apaintzaile	hairdresser	izar	star
iloba	nephew (mutil),	izara	sheet
	niece (neska)	izeba	aunt
ilun	dark	izei	fir tree
ilun dago	it´s dark	izen	first name
iluntzen ari du	it´s getting dark	izen-deiturak	name
indartsu	strong	izenburu	headline
India	India	izerditu	to sweat
informatika-ikasketak	computer studies	izkina	corner
ingeles	English	izokin	salmon
injekzio	injection	izozki	ice-cream
inprimaki	form	izozte	frost
interesgarri	interesting	izoztuta egon	to be frozen
Ipar polo	North Pole	izututa	frightened
ipar(ralde)	north		
ipuin	tale, story		
irabazi	to win		
irabiatu	to mix	**J**	
iragan	past		
iragarki	advertisement	jagole	lifeguard
irail	September	jaialdi	party
irakasgai	subjet	jaiki	to get up
irakasle	teacher	jaio	to be born
irakatsi	to teach	jaioberri	baby
		jaiotza	birth

jaitsi	to get off	kamisoi	nightdress
jaka (ehiztari-)	jacket	Kanada	Canada
jaki berezi(ak)	delicatessen	kandela	candle
jaki izoztu	frozen food	kanguru	kangaroo
jan	to eat	kanila	tap
janaria kuzinatu	to cook	kanoa	canoe
janari-denda	grocery shop	kanpadenda	tent
jangela	dining room	kanpadenda jarri	to pitch a tent
jantoki-bagoi	buffet car	kanpatu	to camp
jantzi	to get dressed	kanpin	campsite
	(adit.),	kanpoan	out
	clothes (iz.)	kanpora	out of
jantzita eraman	to wear	kantari	singer
Japonia	Japan	kantoi	corner
jarleku	seat	kapela	hat
jarleku erreserbatu	reserved seat	kapitain	captain
jarlekua gorde	to reserve a seat	kapot	bonnet
jarraitu	to follow	karabana	caravan
jaso	to pick up	karelez kanpoko	
jaten eman	to feed	motordun txalupa	powerboat
jatetxe	restaurant	kargamentu	cargo
jaurti	to throw	karramarro	crab
jendetza	crowd	karratu	square
jertse	jumper	karta (menu-)	menu
jetzi behiak	to milk the cows	kartatan jokatu	to play cards
jirafa	giraffe	kartera	satchel (eskola),
joan-etorriko txartel	return ticket		wallet (dirua)
jogurt	yoghurt	kasete-zinta	cassette
jokalari	player	katagorri	squirrel
joko	game	katakume	kitten
jolastoki	playground	katea, kanal (TB)	channel
jorratu	to weed	katedral	cathedral
josi	to sew	katilu	bowl
jostailu	toy	katiuskak	wellington boots
jostari	playful	katu	cat
jostorratz	needle	kazetari	journalist
jubilatu	to retire	kazkabar	hail
		ke	smoke
		keinukari	indicator
K		ken	minus
		kendu	subtract
kafe	coffee	kide	member
kafe-ontzi	coffee-pot	kikara	cup
kaio	seagull	kilo	kilo
kaiola	cage	kilo bat ...	a kilo of ...
kaixo	hello	kilo erdi	half a kilo
kale	street	kilo erdi ...	half a kilo of ...
kale-argi	street light	kimika	chemistry
kalea zeharkatu	to cross the street	kinkila-denda	needlecraft shop
kalkulagailu	calculator	kiosko	newspaper stand
kalkulatu	to do sums,		(egunkariena)
	to calculate	kirofano	operating theatre
kamioi	lorry	kirol	sport
kamioilari	lorry driver	kirol-gaiak	sports equipment
kamiseta	T-shirt	kirurgialari	surgeon

kirurgilari	**surgeon**	langabezia	**unemployment**
klarion	**chalk**	langile	**labourer, worker**
klase	**class**	lanpetu	**busy**
klaxon	**horn**	lansari	**salary, wages**
klima	**climate**	lantegi	**factory**
koaderno	**exercise book**	lantxoak egin	**to do odd jobs**
koadro	**painting**	lapitz	**pencil**
koilara	**spoon**	lapitz-zorro	**pencil case**
kolore	**colour**	lapurtu	**to steal**
komiki	**comic**	laranja	**orange**
komun	**toilet**	larrialdi	**casualty**
komunikabide(ak)	**the media**	larru	**skin**
konforme naiz	**I agree**	larru-kolore	**complexion**
konkor	**hump**	larunbat	**Saturday**
kono	**cone**	lasai	**loose (gauzak),**
konpondu	**to mend**		**quiet,**
kontinente	**continent**		**calm (pertsonak,**
kontra	**against**		**lekuak)**
kontra egon (-en)	**to lean on**	lata	**tin**
	(apoiatuta)	laukizuzen	**rectangle**
kontratatu norbait	**to employ someone**	laurden bat	**a quarter**
kontserba	**tinned food**	lehen	**first**
kontsigna	**left luggage office**	lehen hezkuntzako	
kontu	**bill**	eskola	**primary school**
kontuz txakurrarekin	**beware of the dog**	lehen klase	**first class**
kopeta-ile	**fringe**	lehen ministro	**prime minister**
korridore	**aisle**	lehen oin	**first floor**
korrika egin	**to run**	lehendakari	**president**
kotoizko	**made of cotton**	lehengusu	**cousin**
kreditu-txartel	**credit card**	lehoi	**lion**
krema	**foundation cream**	lehortu	**to dry, to wipe**
kremailera	**zip**	lehortu (zeure burua)	**to dry yourself**
krisantemo	**chrysanthemum**	leiho	**window**
kubierta	**deck**	leka	**green bean**
kulero(ak)	**knickers**	leotardo(ak)	**tights**
kutxa	**cash**	lepoko	**necklace**
kutxazain	**cashier**	lera	**sledge**
		letagin	**tusk**
		letra	**letter**
L		letra larri	**capital letter**
		letxuga	**lettuce**
labe	**oven**	liburu	**book**
labur	**short**	liburua irakurri	**to read a book**
laguntzaile	**air hostess**	liburu-denda	**bookshop**
	(azafata)	lider	**leader**
lan egin	**to work**	limoi	**lemon**
lan-jantzi	**dungarees**	lirain	**slim**
lanbide	**job, profession**	lisatu	**to iron**
landa	**field**	litro	**litre**
landazabal	**countryside**	litro erdi	**half a litre**
landatu	**to plant**	liztor	**wasp**
lan	**work**	lo egin	**to sleep**
lanera joan	**to go to work**	lo-kanta	**lullaby**
lanetik bota	**to fire someone**	lo-zaku	**sleeping bag**
langa	**gate**	loak hartu	**to fall asleep**

lodi	fat	marinel	sailor
logela	bedroom	marisko	sea food
logura izan	to be sleepy	marmar egin	to growl
lokomotor	engine	marmelada	jam
loradenda	florist	marradun	striped
lorategian lan egin	to do the gardening	marranta izan	to have a cold
		marrazkidun liburu	picture book
lorezain	gardener	marrazkilari	designer
lore-sorta	bouquet, bunch of flowers	marroi	brown
		martxo	March
loreak hartu	to pick flowers	masail	cheek
loredun	flowered	maskara	mascara
lotarako ordu	bedtime	matematika	maths
lotsati	shy	matrikula	number plate
lotu gerrikoa	fasten your belt	matxarda	clothes peg
luma	feather (hegazti), pen (idazteko)	matxuratu	to have a breakdown
lur	soil	mauka	bargain
lurreratu	to land	mediku	doctor
lurreratzeko pista	runway	mekanikari	mechanic
lurrin	perfume	meloi	melon
luze	long	melokotoi	peach
luzera	length	mendebalde	west
		mendi	mountain
		mendian ibili	to go mountaineering

M

		merkantzia-tren	goods train
madari	pear	merke	cheap, good value
mahai	table	merkealdi	sale
mahai-zapi	tablecloth	metalezko	made of metal
mahaia prestatu	to lay the table	metro	metre (neurri), underground (ibilgailu)
mahaiko joko	board game		
mahasti	vineyard		
mahats	grape	miau egin	to mew
mahatsondo	vine	mihi	tongue
maiatz	May	mihi-arrain	sole
mailu	hammer	minutu	minute
maindire	sheet	modako	fashionable
maitagarri	sweet, lovely	modelo	model
maitatu	to love	moketa	fitted carpet
maite izan	to be fond of	moko	beak
maizter	tenant	more	purple
makilatu	to put on make-up	motel	dull
malda	slope	motots	plait
maleta	suitcase	motozikleta	motorbike
maletak prestatu	to pack	motxila	rucksack, backpack
maletari	porter		
maletategi	boot	mugurdi	raspberry
mantso	tame	muino	hill
mapa	map	mundu	world
maratz	hard working	musika	music
margarina	margarine	musika entzun	to listen to music
margo	crayon, paint	musika klasiko	classical music
margolan	painting	musikari	musician
margolari	painter	musu eman	to kiss

musu eman	to kiss	opera	opera
mutiko	boy	opil	roll
		opor(rak)	holiday
N		orain	now, nowadays
		orainaldi	present
nagusi	boss	ordainagiri	receipt
nahastu	to mix	ordenagailu	computer
nasa	platform	ordu	hour, time
nasako txartel	platform ticket	ordutegi	timetable
neba	brother	ore	pasta
negar egin	to cry	orezta	freckle
negu	winter	orgatxo	trolley
neska	girl	orkatila	ankle
neumatiko	tyre	orkestra	orchestra
neurtu	to measure	orkestra-zuzendari	conductor
nobela	novel	oroilore	forget-me-not
norantza bakar	one way	orpo	heel
		orratz	needle; knitting needle (puntua egiteko)
O			pin (buruduna)
obediente	obedient	orrazi	comb
ogi	bread	orri	leaf
ogi-barra	French loaf	orro egin	to roar
ohatila	stretcher	ortografia	spelling
ohe	bed	ortzadar	rainbow
ohe-bagoi	sleeping-car	ortze	zeru
ohe-estalki	bedspread	osaba	uncle
oheburuko argitxo	bedside lamp	osasuntsu	healthy
oheratu	to go to bed	osagai	ingredient
oihal	fabric	osatu	to cure
oihan	jungle	ospetsu	famous, popular
oihu egin	to shout	ospitale	hospital
oilar	cock	ospatu	to celebrate
oilasko	chicken	ostegun	Thursday
oilategi	henhouse	ostera bat egin	to go for a walk
oilo	hen	ostiral	Friday
oin	foot (hanka), floor (solairu)	ostruka	ostrich
		otsail	February
oinaztargi	lightning	otzan	tame
oinetako	shoe	Ozeano Atlantikoa	Atlantic Ocean
oinez ibili	to walk	Ozeano Barea	Pacific Ocean
oinezko	pedestrian	ozpin	vinegar
oinutsik ibili	to walk barefoot		
okindegi	bakery	**P**	
okotz	chin		
olerki	poetry	paisaia	landscape
olio	oil	pakete	packet, parcel
On egin!	Enjoy your meal!	pala	spade
Ondo lo egin!	Sleep well!	paleta	trowel
ongi pasa	to have fun, to enjoy yourself	paper-denda	stationer's
		paperontzi	litter bin
ontziola	dock	pareta	wall
ontzitegi	cupboard	paretako erloju	clock
opari	present		

parke	park
parkezain	park keeper
parlamentario	member of parliament
parlamentu	parliament
parroko	vicar
parterre	flowerbed
pasabide	gangway
pasaiari	passenger
pasaporte	passport
pastel	pastry
pastilla	pill
patata	potato
pate	paté
pausatu	to perch
perikito	budgie
perpaus	sentence
pianoa jo	to play the piano
picnic	picnic
pijama	pyjamas
pilota	ball
pilotu	pilot
pilula	pill
pinguino	penguin
pintatu	to paint
pinto	spotted
pintzel	brush
piperrauts	pepper
pisatu	to weigh
pisu	flat (etxe), weight (kiloak)
pisu-sail	block of flats
pitxer	jug
planeta	planet
pastikozko	made of plastic
plater	plate, course
platertxo	saucer
plaza	square
plisti-plasta ibili	to paddle, to splash
polit	pretty (neska)
politika	politics
polizia-auto	police car
polizia-etxe	police station
poliziakide	policeman/woman
poltsa	carrier-bag
poltsiko	pocket
poltsiko-liburu	paperback
pop musika	pop music
portu	port
posta	mail
posta-kode	postal code
postal	postcard
postal	birthday card (urtebetetzekoa)
postara eraman	to post
postari	postman
postetxe	post office
postontzi	post-box
postre	dessert
pote	tin
potxingo	puddle
pozik	pleased
prakak	trousers
prezio	price
presaka ibili	to hurry
prest dago!	it's ready!
probintzia-kode	area code
programa	programme
pultsua hartu	to take someone´s pulse
puntua egin	to knit
puxika	balloon

S

sagar	apple
sagarrondo	apple tree
sagu	mouse
sahats negarti	weeping willow
saiatu	hard working (adj.)
sail	department
sailkatu	to sort (out)
sakon	deep
sakonera txiki	shallow
saldu	to sell
salmahai	counter
salneurri	price
salto egin	to dive
saltoki handi(ak)	department store
saltxitxa	sausage
saltxitxoi	salami
saltzaile	sales representative (bidaiaria), shop assistant (dendakoa)
sandaliak	sandals
sarde	fork
sardexka	fork
sare	net
sarrera	entrance
saski	basket
sasoian egon	to be fit
sator	mole
segika ibili	to chase
segundo	second
segurtasun-gerriko	safety belt
sehaska	cot

seinale-poste	signpost	telefono-aurkitegi	telephone directory
semaforo	traffic light	telefono-dei bat egin	to make a telephone call
seme	son		
senar	husband	telefono-kabina	telephone box
senargai	bridegroom	telefono-zenbaki	telephone number
sendatu	to cure	telefonoa hartu	to pick up the receiver
sindikatu	trade union		
sofa	sofa	telefonoari erantzun	to answer the telephone
soineko	dress		
soinketa	gymnastics, P.E.	telegrama	telegram
soldadu	soldier	telesaio	TV-programme
soldata	salary, wage	teleskopio	telescope
sorbalda	shoulder	tenis-pista	tennis court
sorgin-orratz	dragonfly	tenisean jokatu	to play tennis
soropil	lawn	teniseko oinetako	tennis shoe
soropila moztekoa	lawnmower	tenperatura hartu	to take someone's temperature
soropila moztu	to mow the lawn		
soto	basement (etxeetakoa) hold (itsasuntzi edo hegazkin.)	termometro	thermometer
		tigre	tiger
		tipula	onion
squash-ean jokatu	to play squash	tira egin	to pull
su	fire	toaila	towel
su txiki	stove	toailatxo	flannel
suabe	soft	tomate	tomato
sudur	nose	topo egin	to meet
suge	snake	trafiko	traffic
suhiltzaile	fireman	traktore	tractor
suhiltzaile-auto	fire engine	tranpolin	diving board
suhiltzaile-etxe	fire station	transatlantiko	liner
Suitza	Switzerland	tren	train
sukalde	kitchen	trena galdu	to miss the train
sukarra izan	to have a temperature	trena hartu	to catch the train
		trenbide	railway
supermerkatu	supermarket	tresna (musika-)	instrument
sutondoan eseri	to sit by the fire	triangelu	triangle
		triku	hedgehog
		trineo	sledge
		tripulazio	crew
T		trumoi	thunder
		trumoi-eraso	thunder storm
tamaina	size	tulipa	tulip
tapoi	plug	tupusteko	collision
tarifa	fare	turista	tourist
tarta	cake, tart	turuta jo	to play the trumpet
taxi	taxi	txabusina	dressing gown
taxi-geraleku	taxi rank	txahal	calf
taxia gerarazi	to hail a taxi	txahalki	veal
taxilari	taxi driver	txakur	dog
te	tea	txakurkume	puppy
te-ontzi	teapot	txakurra paseatu	to walk the dog
teklategi	keyboard	txakurtegi	kennel
teleaulki	chair lift	txalo egin	to clap
telebista	television	txandal	tracksuit
telebista ikusi	to watch television	txano	cap
telefono	telephone		

txanpon	coin	urmael	pond
txartel	ticket	urratu	to tear
txartel-ikuskari	ticket collector	urre-arrain	goldfish
txartel-makina	ticket machine	urrebotoi	buttercup
txarteldegi	box office (antzokian, zineman), ticket office (tren, autobus--geltokian)	urrezko	made of gold
		urri	October
		urruma egin	to purr
		urruti	far away from
		urtaro	season
		urtarril	January
txekea bete	to write a cheque	urte	year
txeketegi	cheque book	Urteberri-egun	New Year's Day
txerri	pig	Urte Berri zoriontsu	Happy New Year
txerri-txuleta	pork chop	Urtezahar-egun	New Year's Eve
txiki	small, tiny (oso txikia)	urtebetetze-egun	birthday
		uso	pigeon
tximeleta	butterfly	uzta bildu	to harvest
tximinia	chimney (etxean), funnel (itsasuntzian)	uztail	July
tximino	monkey		
tximista	lightning	**W**	
Txina	China		
txingor	hail	windsurf egin	to windsurf
txirrin	bell, doorbell		
txirrina jo	to ring the bell	**X**	
txirrista	to slide		
txokolate	chocolate	xaboi	soap
txori	bird	xakean jokatu	to play chess
txorimalo	scarecrow	xanpu	shampoo
txukundu	to tidy up	xerra	steak
		xukadera	towel
		xurgagailuaz garbitu	to vacuum
U		xuxurlatu	to whisper
ubel	purple		
ubeldura	bruise	**Z**	
uda	summer		
udaberri	spring	zabal	broad
udaletxe	town hall	zabaldu	to open
udazken	autumn	zabalera	width
uhin	wave	zabor-biltzaile	dustman
uholde	flood	zaborrontzi	bin
ukitu	to touch	zabu	swing
ukondo	elbow	zahar	old
unibertsitate	university	zaharkitu	old-fashioned
unibertso	universe	zahartzaro	old age
untxi	rabbit	zail	difficult
ur bero	hot water	zain egon	to wait for
ur hotz	cold water	zaindegi	left luggage office
ur mineral	mineral water	zaindu	to keep an eye on
uraza	lettuce	zaintzaile	lifeguard
urdaiazpiko	ham	zaldi	horse
urdail	stomach	zaldi-lasterketa	horse racing
urdin	blue	zaldiko-maldiko	roundabout
ureztontzi	watering can		

zaldiko-maldiko	**roundabout**	zira	**raincoat**
zalditegi	**stable**	zirkulu	**circle**
zango	**leg**	ziztatu	**to sting**
zapatillak	**slippers**	zoo	**zoo**
zapi	**tea towel**	zoozain	**zoo keeper**
zapore	**flavour, taste**	zopa	**soup**
zaratatsu	**noisy**	zorabiatu	**to be seasick**
zati	**divided by**		**(itsasoan),**
zatiki	**fraction**		**to faint (konortea**
zatitu	**to divide**		**galdu)**
zaunka egin	**to bark**	Zorionak!	**Happy Birthday!**
zauri	**wound**		**(urtebetetzekoan)**
zebra	**zebra**	zoriondu	**to congratulate**
zehar (-en, -tik)	**through**	zoriontsu izan	**to be happy**
zeharkaldi	**crossing**	Zorte on!	**Good Luck**
Zelanda Berri	**New Zealand**	zoru	**floor**
zenbakia markatu	**to dail the number**	zozo	**blackbird**
zentimetro	**centimetre**	zubi	**bridge**
zentzugabe	**silly**	zuhaixka	**bush**
zerbitzari	**waiter**	zuhaitz	**tree**
zerbitzatu	**to serve**	zuhaitzera igo	**to climb a tree**
zerbitzu	**service**	zuloa egin	**to dig**
zerga	**tax**	zur	**wood**
zergarik gabeko denda	**duty-free shop**	zurezko	**made of wood,**
zerra	**saw**		**wooden**
zerrenda egin	**to make a list**	zuri	**white**
zerria	**doormat**	zurrunga egin	**to snore**
zeru	**sky**	zutik egon	**to be standing**
ziape	**mustard**	zutitu	**to stand up**
ziazerba	**spinach**	zuzen aurrera jo	**to go straight on**
zikin	**dirty**	zuzendari	**headmistress**
ziklomotor	**moped**		**(emak.),**
zilarrezko	**made of silver**		**headmaster**
zinema	**cinema**		**(gizon)**
zinemara joan	**to go to the cinema**		